高等职业教育项目课程改革系列教材

电子产品售前售后服务项目教程

主编 邓新军
参编 陈园 宋凌
主审 赵玉林

机械工业出版社

本书以就业为导向，基于工作过程，将售前和售后两个不同阶段的服务分为两个独立项目进行叙述。

电子产品专柜销售：通过"设计数码产品专柜"和"推介数码产品"两个任务的实施来详细分解整个工作过程。学生在学习的过程当中必须按步骤逐个完成：市场调研、产品定位、制作投资预算、设计专柜、产品陈列、制订服务规范、产品展示、接待与销售训练、投诉处理等工作任务。在接待与销售训练方面把整个过程又分解为：开场接待、了解顾客需求、产品解说、引导顾客体验、应对顾客拒绝、处理价格异议、促成交易等七个场景。针对每个场景设置问题并进行情景分析、实例介绍、技巧应用和模拟训练。

电子产品售后服务：学生通过对电子产品专业售后服务公司进行调研，学习售后服务管理软件的使用和前台接待的练习来掌握整个售后服务过程中各个岗位的工作流程。

本书可供高等职业院校及高级技工学校电子信息工程类、经管类相关专业作为教材使用，同时也可供电子产品售前售后服务人员培训使用。

为方便教学，本书有电子课件、模拟试卷及答案等教学资源，凡选用本书作为授课教材的老师，均可通过电话（010-88379564）或QQ（3045474130）咨询。

图书在版编目（CIP）数据

电子产品售前售后服务项目教程/邓新军主编. —北京：机械工业出版社，2015.8（2022.2 重印）
高等职业教育项目课程改革系列教材
ISBN 978-7-111-50741-3

Ⅰ.①电… Ⅱ.①邓… Ⅲ.①电子产品－销售管理－高等职业教育－教材②电子产品－售后服务－高等职业教育－教材 Ⅳ.①F764.6

中国版本图书馆 CIP 数据核字（2015）第 184647 号

机械工业出版社（北京市百万庄大街22号 邮政编码100037）
策划编辑：曲世海　责任编辑：曲世海
封面设计：鞠　杨　责任校对：胡艳萍　陈秀丽
责任印制：郜　敏
北京富资园科技发展有限公司印刷
2022年2月第1版·第3次印刷
184mm×260mm·10.5印张·253千字
标准书号：ISBN 978-7-111-50741-3
定价：35.00元

电话服务　　　　　　　　　网络服务
客服电话：010-88361066　　机　工　官　网：www.cmpbook.com
　　　　　010-88379833　　机　工　官　博：weibo.com/cmp1952
　　　　　010-68326294　　金　书　网：www.golden-book.com
封底无防伪标均为盗版　　　机工教育服务网：www.cmpedu.com

高等职业教育项目课程改革系列教材编审

委 员 会

专家顾问 徐国庆

主　　任 黎德良

副 主 任 王　德

委　　员 侯勇志　王晓沛　汪立极　周蔚红　徐伟雄
　　　　　　朱爱群　郑志军　李勋贵　赵玉林　成亚萍
　　　　　　汤湘林　朱文韬　任　茜　陈耕夫　宋　强
　　　　　　冯兆凯　吴　军　程　森　王秀峰　许　惠
　　　　　　杨国兰

序

  中国的职业教育正在经历课程改革的重要阶段。传统的学科型课程被彻底解构，以岗位实际工作能力的培养为导向的课程正在逐步建构起来。在这一转型过程中，出现了两种看似很接近，人们也并不注意区分，而实际上却存在重大理论基础差别的课程模式，即任务驱动型课程和项目化课程。二者的表面很接近，是因为它们都强调以岗位实际工作内容为课程内容。国际上已就如何获得岗位实际工作内容取得了完全相同的基本认识，那就是以任务分析为方法。这可能是二者最为接近之处，也是人们容易混淆二者关系的关键所在。

  然而极少有人意识到，岗位上实际存在两种任务，即概括的任务和具体的任务。例如，对商务专业而言，联系客户是概括的任务，而联系某个特定业务的特定客户则是具体的任务。工业类专业同样存在这一明显区分，如汽车专业判断发动机故障是概括的任务，而判断一辆特定汽车的发动机故障则是具体的任务。当然，许多有见识的课程专家还是敏锐地觉察到了这一区别，如我国的姜大源教授，他使用了写意的任务和写实的任务这两个概念。美国也有课程专家意识到了这一区别并为之困惑。他们提出的问题是：我们强调教给学生任务，可现实中的任务是非常具体的，我们该教给学生哪件任务呢？显然我们是没有时间教给他们所有具体任务的。

  意识到存在这两种类型的任务是职业教育课程研究的巨大进步，而对这一问题的有效处理，将大大推进以岗位实际工作能力的培养为导向的课程模式在职业院校的实施，项目课程就是为解决这一矛盾而产生的课程理论。姜大源教授主张在课程设计中区分两个概念，即课程内容和教学载体。课程内容即要教给学生的知识、技能和态度，它们是形成职业能力的条件（不是职业能力本身），课程内容的获得要以概括的任务为分析对象。教学载体即学习课程内容的具体依托，它要解决的问题是如何在具体活动中实现知识、技能和态度向职业能力的转化，它的获得要以具体的任务为分析对象。实现课程内容和教学载体的有机统一，就是项目课程设计的关键环节。

  这套教材设计的理论基础就是项目课程。教材是课程的重要构成要素。作为一门完整的课程，我们需要课程标准、授课方案、教学资源和评价方案等，但教材是其中非常重要的构成要素，它是连接课程理念与教学行为的重要桥梁，是综合体现各种课程要素的教学工具。一本好的教材既要能体现课程标准，又要能为寻找所需教学资源提供清晰索引，还要能有效地引导学生对教材进行学习和评价。可见，教材开发是一项非常复杂的工程，对项目课程的教材开发来说更是如此，因为它没有成熟的模式可循，即使在国外我们也几乎找不到成熟的项目课程教材。然而，除这些困难外，项目教材的开发还担负着一项艰巨的任务，那就是如何实现教材内容的突破，如何把现实中非常实用的工作知识有机地组织到教材中去。

  这套教材在以上这些方面都进行了谨慎而又积极的尝试，其开发经历了一个较长过程（约4年时间）。首先，教材开发者们组织企业的专家，以专业为单位对相应职业岗位上的工作任务与职业能力进行了细致而有逻辑性的分析，并以此为基础重新进行了课程设置，撰写了专业教学标准，以使课程结构与工作结构更好地吻合，最大限度地实现职业能力的培养。其次，教材开发者们以每门课程为单位，进行了课程标准与教学方案的开发，在这一环节中尤其突出了教学载体的选择和课程内容的重构。教学载体的选择要求具有典型性，符合课程目标要求，并体现该门课程的学习逻辑。课程内容则要求真正描绘出实施项目所需要的专业知识，尤其是现实中的工作知识。在取得以上课程开发基础研究的完整成果后，教材开发者们才着手进行了这套教材的编写。

经过模式定型、初稿、试用和定稿等一系列复杂阶段，这套教材终于得以诞生。它的诞生是目前我国项目课程改革中的重要事件。因为它很好地体现了项目课程思想，无论在结构还是内容方面都达到了高质量教材的要求；它所覆盖专业之广，涉及课程之多，在以往类似教材中少见，其系统性将极大地方便教师对项目课程的实施；对其开发遵循了以课程研究为先导的教材开发范式。对一个国家而言，一个专业、一门课程，其教材建设水平其实体现的是课程研究水平，而最终又要直接影响其教育和教学水平。

当然，这套教材也不是十全十美的，我想教材开发者们也会认同这一点。来美国之前我就抱有一个强烈愿望，希望看看美国的职业教育教材是什么样子。因此每到学校考察必首先关注其教材，然而往往也是失望而回。在美国确实有许多优秀教材，尤其是普通教育的教材，设计得非常严密，其考虑之精细令人赞叹，但职业教育教材却往往只是一些参考书。美国教授对传统职业教育教材也多有批评，有教授认为这种教材只是信息的堆砌，而非真正的教材。真正的教材应体现教与学的过程。如此看来，职业教育教材建设是全球所面临的共同任务。这套教材的开发者们一定会继续为圆满完成这一任务而努力，因此他们也一定会欢迎老师和同学对教材的不足之处不吝赐教。

徐国庆
2010年9月25日于美国俄亥俄州立大学

前　言

本书贯彻"就业导向""能力本位""基于工作过程"的教学思想，依据项目化课程要求编写而成，可供高等职业院校及高级技工学校电子信息工程类、经管类相关专业作为教材使用，同时也可供电子产品售前售后服务人员培训使用。

电子产品售前售后服务是一项程序性、技术性的工作，也是一种艺术性、心理性的服务行为。本书将售前和售后两个不同阶段的服务分为两个独立项目进行叙述。学生通过本书，能够了解到完成项目所需的基本过程与程序，学习到项目所包含的知识、技能与态度，找到完成项目所需的方法和条件，获取更多的知识与技能。

本书由邓新军、陈园、宋凌根据多年的项目化教学经验编写而成，邓新军负责全书的策划构思和统稿工作，赵玉林任主审。本书在编写过程中得到了深圳技师学院科研办及电子通信系胡晓苏、廖银萍、盛春明等多位老师的大力支持和帮助，他们在本书的编写过程中提供了宝贵的意见，在此表示衷心的感谢！

由于编者水平、经验有限，加之时间仓促，书中难免有不妥之处，敬请读者批评指正。

编　者

目　录

序
前言
项目一　电子产品专柜销售 …………… 1
　任务一　设计数码产品专柜 …………… 1
　　子任务一　制订市场调查表 …………… 2
　　子任务二　制作投资预算表 …………… 4
　　子任务三　设计专柜 …………………… 6
　　子任务四　商品陈列 …………………… 7
　任务二　推介数码产品 ………………… 10
　　子任务一　制订服务规范 ……………… 11
　　子任务二　展示数码产品 ……………… 13
　　子任务三　接待及销售 ………………… 19

项目二　电子产品售后服务 …………… 59
　任务一　前台接待 ……………………… 61
　　子任务一　使用售后服务管理软件 …… 62
　　子任务二　制订收费标准 ……………… 84
　　子任务三　拟定维修合同 ……………… 85
　　子任务四　制订投标书 ………………… 88
　　子任务五　处理投诉 …………………… 100
　任务二　安装调试 ……………………… 110
　任务三　维修保养 ……………………… 137
附录　＊＊公司售后服务作业程序 …… 152
参考文献 ………………………………… 157

项目一　电子产品专柜销售

"终端为王"的理念被越来越多的企业所认同,为了抢占好位置,为了拼面积、拼装修,电子产品企业对终端的投入越来越大。电子产品的制造技术、款式设计、店面形象、装修陈列等都很容易被竞争对手模仿,销售服务是产生差异的主要手段。只有销售服务中人的因素——代表公司形象和服务意识的销售人员所表现出来的思想、行动和意识才是不可模仿的。因此,销售人员才是提升终端卖场业绩最重要的因素。

项目目标:

1. 完成数码产品专柜开设前期准备工作。
2. 做好详细的市场定位及可行性分析。
3. 进行投资收益分析。
4. 实施数码专柜的开设。
5. 建立服务流程。

项目要求:

1. 能根据给定条件制作投资预算。
2. 会对产品进行合理的陈列。
3. 能熟练演示数码产品的功能。
4. 会处理销售中遇到的常见问题。
5. 会处理顾客的投诉和建议。

工作任务:

1. 设计数码产品专柜。
2. 推介数码产品。

任务一　设计数码产品专柜

专柜是产品终端展示的一种,在现代购物场所中是最耀眼的焦点,这代表了社会经济的繁荣,也代表了商场的繁华。投资开设数码产品专柜需要做好:投资预算、市场定位、可行性分析等几个方面的准备工作。

投资预算及市场定位是每个投资者必须做好的头等大事,投资者可以按照自己现有资金及预算,结合自身经营理念、自身的技术及管理水平来进行投资和经营,走出一条适合当地经营特色的路子。

【任务设计】

某某公司计划在＊＊＊市＊＊＊商业街筹备一个数码产品专柜，请根据任务要求对数码产品专柜进行筹划和设计。

【任务要求】

1. 场地要求：交通便利、人流量大、面积10~20m²。
2. 投资收益：年销售额￥500万元。

【任务实施】

子任务一　制订市场调查表

筹划数码专柜必须先做好市场的可行性、经济预算的可行性分析，市场可行性分析是一种竞争性分析，它反映市场竞争各方的关系，是为数码专柜有效参与市场竞争服务的。分析的目的在于，一是强化现有位置，避免正面冲突；二是寻找市场空隙，获取先占优势，发现市场中未被竞争占领的利润，并为之采取相应的经营策略。所以，充分了解当地同类行业市场环境，尤其是价格与服务，这对数码专柜的定位有着非同一般的意义。

★ 做一做：

请根据任务要求制订一份详细的市场调查表并根据市场调研结果填写表1-1。

表1-1　市场调查表

商场名称：		详细地址：		
楼层分布：		商场环境：		
交通情况：		经营范围：		
商场开业日期：		商场的宣传特色：		
商场的服务特色：		专柜位置：		
专柜面积：　　　m²		柜台租金：　　　元/月		
专柜形式：		交租方式：		
商场的客流量统计：	时　分至　时　分		流量：	
	时　分至　时　分		流量：	
专柜位置的客流量统计：	时　分至　时　分		流量：	
	时　分至　时　分		流量：	

1. 实训目的

通过学习市场调研的相关知识，熟悉所要调研的内容和市场调查表的制作。

2. 所需设备及资料

商业街的分布图、商场的功能资料、计算机、网络、电话机等。

3. 实训步骤

1）制订一份详细的市场调查表。
2）根据调查表的内容进行实地调研。

3) 整理调研数据，完善市场调查表，确定所要租用的场地。
4) 进行展示和答辩。

4. 实训报告

把调研过程的心得体会及遇到的问题记录下来，并与小组成员讨论。

学一学：

知识1　市场调研的几个关键内容

投资开设数码专柜必须先确定目标市场范围，定位目标市场。根据目标市场上行业竞争状况，针对客源对数码产品销售市场的了解和需求，为自己塑造一个与众不同、具有鲜明个性的数码专柜。

1. 商场环境

商场周围环境情况，一看周围卫生环境状况，二看商场所处位置繁华程度。尽量选择商业区域人口密度高的地区或同行集中的一条街上，这类商场环境应该具有较大的优势。

2. 交通情况

交通情况指顾客停车、货物运输、乘车是否方便等。交通条件方便与否对专柜的销售情况有很大影响。

3. 人口情况

专柜位置附近人流量越大越好，越密集越好。

4. 商场的口碑

同类的商场很多，但在顾客心目中的口碑不一样，所以应选择一些口碑比较好、管理到位的商场比较可靠。

5. 专柜的租金

租金的多少没有一个恒定值，重点在于你的投资预算和销售能力。同一个商场不同位置专柜的租金都不一样，所以经营策略也不一样。

6. 供应商

市面上各种各样的供应商很多，一定要分清楚谁是最上家的发货商，同时更要了解供应商的信誉度。

7. 人员的投入

人员的投入是根据商场和专柜的位置来定，人流量大的位置人员投入的比较多，反之就投入比较少。人员投入的多少将直接影响到专柜的固定支出，所以要把握好。

8. 专柜的形式

专柜的形式有封闭式、半封闭式和开放式三种。合适的专柜可以让消费者清楚地了解你的产品，进而产生消费行为。

知识2　产品定位

产品定位是将某个具体产品定位在消费者心中，让消费者一旦产生类似需求，就会联想到本公司所销售的某种商品。如深圳市的家电卖场：顺电、国美、苏宁等；手机卖场：远望数码城、天音、宇迅达等；数码相机摄像机卖场：赛博数码广场、国际电子城、万商电器城等。

产品定位第一步要先选择好产品的类别,如数码相机、摄像机、MP3/MP4、手机、U盘、移动硬盘、数码相框以及电池、存储卡、数据线等。第二步要选择好产品的品牌,根据消费群的消费能力做好高中低三个档次的搭配,尽量选择知名品牌的产品。第三步要选择信誉好的供应商。

想一想: 你喜欢销售什么产品呢?请把想要销售的产品一一记录下来。

相关知识:

什么叫数码产品?数码产品包括哪些?

数码产品就是通过软硬件的组建,利用二进制语言或者某些特殊数字语言对某一类文件进行传输、存储、编制、解码,由此带来一定应用感受的消费产品,包括手机、数码相机、数码摄像机、MP3、MP4、计算机、掌上电脑、平板电视、游戏机、打印机、扫描仪、移动存储设备、光盘播放器、蓝牙耳机等。随着数字产业的发展和人们生活需求的提高,会有更多的数码产品融入我们的生活。

子任务二 制作投资预算表

从资金筹备来说,如果资金有限,那么就必须在资金的限度之内对专柜的规模、档次及从筹建到正常运作的时间进行严格的控制,尽量避免浪费资金和时间。如果资金比较雄厚,还可以考虑专柜的经营模式和各类附属功能,从一开始就可以着手制订比较长远的经营战略,开展专柜的营销,充分利用资金。

★做一做:

根据市场调研数据做好投资预算并填写表1-2。

表1-2 投资预算表

预算项目	项目内容	单 位	数 量	金 额	备 注
场地租金					租金按天计算
管理费					
装修费					
贷款利息					
设备费	1				
	2				
	3				
	4				
工资	管理人员				
	员工				
宣传费	1				
	2				
	3				

（续）

预算项目	项目内容	单位	数量	金额	备注
工商管理费					
国、地税					
首次备货资金明细	1				
	2				
	3				
	4				
	5				
前期投入资金合计					
平均每天的开支费					
投资合计					
备用金					
平均每天的收益					
预计回本时间					

1. 实训目的

通过学习投资预算的相关内容，熟悉投资预算表的制订和掌握投资预算的方法。

2. 所需设备及资料

商业街的分布图、商场的相关资料、计算机、网络、电话机等。

3. 实训步骤

1）制订一份详细的投资预算表。
2）根据预算表的内容进行实地调研。
3）整理调研数据，完善投资预算表的统计。
4）进行展示和答辩。

4. 实训报告

把制作投资预算的心得体会及遇到的问题记录下来，并与小组成员讨论。

学一学：

投资预算的内容

1. 对初期费用进行估算

包括用于会计核算、法律事务以及前期市场开发的费用，还有一些电话费、交通费之类的管理费用。贷款利息，可根据银行的贷款利率进行估算。如果经营者都是用自己的资金投资，也可按贷款计算其利息，凭此反映筹建费用的全貌。

2. 对租赁场地费用进行预算

1）对专柜进行租赁估算。
2）租赁场地费要考虑周全，包括公共设施、水电、垃圾处理、管理费、治安费等都要预算清楚。
3）租赁场地费估算最好按每平方米每日多少元计算，不要按月或按年统计算出。

4）租赁场地费用估算要参照周围出租费用行情。

3. 对装修费用、设备设施费用进行估算

数码专柜的装饰包括柜台、展厅、橱窗三个大的方面。装饰应以简洁、明亮、卫生、雅致为主，能节省则节省，避免豪华装饰以减少营业前期投入过多的费用。在估算设备、设施费用时，还应包括运输费和安装调试费。设施和设备包括计算机、打印机、传真机、电话机等。

4. 人员成本的估算

数码专柜人员成本由管理人员、销售人员的工资组成。可按不同人员的工资标准乘以人数来估算，各类人员的工资水平，在各劳动力市场都有平均工资标准可供参考。

5. 对运营费用进行预算

运营费用包括营销费用、广告费用、培训员工的费用等。还应该考虑不可预见的准备金，一般为前几项总和的5%～30%。

一般来讲，需要准备比上述资金预算更为宽裕的资金，才能在发生意外成本时从容不迫地应付。

子任务三　设计专柜

当今是品牌的时代，品牌代表着时尚，代表着优越。没有品牌的企业都在策划自身的品牌；有品牌的企业都在策划如何将品牌优质化、极品化。而专柜是任何一个品牌产品销售载体必不可少的一项陈列展示，只有树立品牌形象、做好品牌，才能让消费者对企业品牌留下良好视觉感受。无论企业销售什么样的产品，企业都要为自己的产品定做专柜。

★做一做：

根据已确定的场地设计符合自己产品的专柜。

1. 实训目的

了解专柜的重要性和材料规格，掌握专柜的设计要点。

2. 实训场地及设备要求：

1）准备一个50～80m² 空旷的实训室。
2）专柜5～10张，建议采用不同设计规格的。

3. 实训步骤

1）绘制专柜的平面图或效果图。
2）根据图样布置专柜。
3）进行展示和答辩。

4. 实训报告

把设计专柜的心得体会及遇到的问题记录下来，并与小组成员讨论。

学一学：

专 柜 设 计

1. 树立企业形象

专柜作为品牌的载体势必就是企业的"形象代言"，反之企业也可通过专柜来展示其企业形象,这时专柜的作用就不言而喻了。

2. 提升销售业绩

专柜最重要的作用在于可以与消费者进行最直接的视觉交流,并可以让消费者清楚明了地了解企业的产品,进而产生消费行为。而好的专柜在"体验经济"思想的影响下也可促进"回头率"的产生,所以不管是品牌产品企业还是想将产品品牌化的企业都必定会非常重视专柜的设计和制作。专柜如此重要,该怎样做?如何做的好?如何做的更好?

3. 专柜设计要点

1)充分利用建筑天、地、墙、柱、梁空间结构,使商品展示和品牌形象展示的面和线尽可能延长。如果商品展示专柜位于卖场中央位置或自动扶梯位置,就要充分利用柱子延长展示面。如无柱子,也可以调动材料的特性进行无墙造墙,无柱造柱,但要考虑卖场高度的整体要求。

2)展示空间疏、密、高、低及展示层面要符合人体工程学的视觉效应,要在视觉上让顾客有舒适感,便于顾客远近浏览及拿递商品;特别是要结合商品外形的几何形态特征。

知识链接:

一、专柜的主材料及其优缺点

(1)铁皮料 优点是材料价格低廉、材料较轻。缺点是结构变化不大,较难做出多种效果,若整体都用铁皮料做出来缺少了设计的味道。

(2)木料 优点是结构可调整性大,能做出各种设计效果,而且材料价格也适中。缺点是材料较重,制作出来不轻便、不适合专柜的移动。

(3)玻璃 优点是材料价格低廉,有通透效果。缺点是材料较重、易碎。

(4)亚克力 优点是有通透晶莹效果。缺点是材料较重、易碎、价格贵。

二、人体工程学

人体工程学又叫人类工学或人类工程学,是第二次世界大战后发展起来的一门新学科。它以人-机关系为研究的对象,以实测、统计、分析为基本的研究方法。从室内设计的角度来说,人体工程学的主要功用在于通过对于生理和心理的正确认识,使室内环境因素适应人类生活活动的需要,进而达到提高室内环境质量的目标。人体工程学在室内设计中的作用主要体现在以下几方面:

1)为确定空间范围提供依据。
2)为设计家具提供依据。
3)为确定感觉器官的适应能力提供依据。

子任务四 商品陈列

合理的商品陈列可以起到展示商品、刺激销售、方便购买、节约空间、美化购物环境的各种重要作用。据统计,专柜如能正确运用商品的配置和陈列技术,销售额可以在原有基础上提高10%。因此,如何做好这个临门一脚,终端陈列是所有工作的开始。

市场终端,简单来说,只包含了三个元素:商品(礼品)、POP(促销工具,如吊牌、海报、小贴纸、纸货架、展示架、纸堆头、大招牌、实物模型、旗帜等)、人。因此,终端陈列也将包含:商品陈列、礼品陈列、POP陈列、人员态势等四个方面。

★ 做一做：

请根据已经设计好的专柜与产品特性做好商品陈列。

1. 实训目的

根据已设计好的专柜，熟练掌握商品的陈列要求。

2. 实训场地及设备要求

1）准备一个 50~80m² 空旷的实训室。

2）专柜 5~10 张，建议采用不同设计规格的。

3）各类数码产品机模 10~20 个，需要不同型号、不同款式。

4）POP 制作材料若干。

5）产品支撑架或座子若干，根据具体产品选购。

3. 实训步骤

1）制订一份详细的商品陈列计划。

2）根据陈列计划进行商品陈列。

3）制作宣传资料及 POP 广告。

4）进行展示和答辩。

4. 实训报告

把陈列过程的心得体会及遇到的问题记录下来，并与小组成员讨论。

学一学：

商品陈列相关知识

一、商品陈列原则

法国有句很出名的经商谚语"即使是水果蔬菜，也要像一幅静物写生画那样艺术地排列，因为商品的美感能撩起顾客的购买欲望"。有效的商品陈列可以引起消费者的购买欲，并促使其采取购买行动。做好商品陈列除了必须遵循一些基本的原则，包括可获利性、好的陈列点、吸引力、方便性、价格、稳固性等六个方面外，还必须满足以下九大原则：

1. 主打产品必须放在主展位原则

主展位是指顾客最容易看到的位置，即主展位是位于主通道上与顾客水平视线平行的展台。在主展位上可以根据销售策略进行不同的商品陈列，例如：在促销期间，可以摆放促销机型，目的是提高销售达成率；在推广期间，可以摆放新品、形象产品，目的是增加产品的形象推广。要根据不同商品、不同档次产品、消费者的人流走向等多种因素来决定。

2. 方便介绍原则

方便介绍原则是指特价、热销的产品放在容易接触到的展台，即放在主展附近。特价、热销的商品是可能会大量销售的商品，终端销售过程中，需要经常性地进行产品解说，解说的过程同时又需要与顾客互动，因此特价、热销商品的陈列需要满足方便介绍原则。

3. 垂直原则

垂直陈列是指同类商品从上到下地陈列在一个或一组货架内，顾客一次性就能轻而易举地看清所有的商品，方便顾客的比较与选购，同时也方便销售人员进行对比销售讲解（如超市中不同品牌、不同容量饮品的摆放）。

4. 同类归拢原则

同类归拢是指同种类型、同种功能性质的产品并列地陈列在一个展台上，方便消费者的比较与销售人员的解说。

5. 间距原则

间距原则是指产品的陈列不能紧密排列，必须留有一定的间距，在介绍产品的时候方便拿出与放入。

6. 关联性原则

关联性原则是指将用途类似、使用场合相似的互补性商品组合在一起陈列，可提高消费者选择及购买商品的容易度，并可达到关联购买与联想购买的相乘效果（如单反相机与镜头放在一起，可以达到打包销售的效果）。

7. 最主要商品重复出样原则

重复出样是指在展台空间允许的条件下，对主推产品重复摆设，形成强烈的视觉效果，比如超市里的书籍、罐头、洗发水、牙膏等。

8. 满陈列原则

满陈列原则是指每个展台必须要陈列产品，展台不能出现空置。如果没有足够的产品型号陈列时，应采用重复出样的形式把展台陈列满，达到一种强烈的视觉效果。

9. 抵消临近品牌原则

商品的陈列需要抵消临近品牌的信息。

以上九大原则是终端陈列需要遵循的原则，具体的商品陈列将根据以上原则为依据，根据不同时段的推广策略、展台情况进行适当调整。

二、礼品陈列

礼品的目的是增加产品的附加值，提高消费者的满意度，从而提高产品的成交率。礼品不是随便的附加品，通过礼品传达给消费者一个非买不可的理由。因此礼品的陈列要放在顾客最先、最容易看到的地方。

1）礼品需要放在主通道上，消费者最容易看到的地方。

2）礼品需要与 POP 进行联合陈列：让消费者看到礼品的价值和功能，让礼品学会说话。

3）礼品要和商品配套地堆放在一起，这样，既能让顾客一眼就明了，免除销售员需要解释的麻烦，还能让顾客有一个直观的感受。

4）礼品尽可能最大化陈列：在不影响视线、保证安全的情况下，礼品应尽量堆放高一些。

三、POP 陈列

在当今竞争激烈的零售业，担任消费者与零售商之间媒介的 POP 广告越来越成为促进销售业绩的重要手段。POP 的合理运用，不仅可以取代促销人员的功能，减低人员成本，更可以实现增加销售额的目的。

因此，专卖店的 POP 陈列也十分重要。POP 陈列主要需要满足五个原则：

1）重复统一原则：是指 POP 必须统一重复陈列，达到强烈的视觉效果。同一个展台、卖场不允许同时陈列两种不同内容的促销信息、产品信息等。

2）简明原则：POP 的设计最好在 7 个字以内。

3）对称原则：是指 POP 无论是横挂、斜挂、吊挂必须要满足对称陈列的原则，达到视觉上的美观。

4）最大化原则：指 POP 尽可能最大范围陈列，达到视觉冲击的效果。POP 在展台、顶上用的最多。

5）区别原则：指 POP 必须要和周围的展台相区别，色彩要相区别。

四、人员态势

再好的商品，在终端都是需要人员销售出去的，因此，人员在终端的表现也是属于一个终端陈列、形象展示的范畴，他代表了企业的形象，而且是整个终端推广工作中最重要的因素。

人员态势包含的内容：待客态度、职业素质、人员素养与交谈方式、察言观色与随机应变的能力、人员的业务水平与实践知识、业务技巧、对企业情况及产品知识的了解、对行业及竞争品牌的了解、与竞争品牌人员的区别等。

> **温馨提示：**
> 终端陈列很简单，但重复做一百次简单的事情，就会变的不简单了。因此，要做好终端陈列，首先需要树立精益求精的工作态度，并在后期终端陈列上进行维护、改进与优化。做终端，拼的就是细节，谁的细节最完美，谁就是赢家。

评一评：

任务检测与评估见表 1-3。

表 1-3 任务检测与评估表

	检测项目	评分标准	分值	学生自评	教师评估
任务知识内容	市场调研的认识	了解市场调研的内容	10		
	投资预算的内容	掌握投资预算的方法	10		
	专柜设计知识的了解	了解专柜设计的常识	10		
	产品陈列方法的掌握	掌握产品陈列的技巧	10		
任务操作技能	市场调研表的完善情况	报表完整合理 20 分 缺失一项扣 1 分	20		
	投资预算表的合理性	报表完整合理 20 分 缺失一项扣 1 分	20		
	专柜设计的创新性	设计有创意 20 分	20		
	产品陈列的科学性	按标准陈列 20 分 错误一项扣 1 分	20		

任务二　推介数码产品

"得终端者得天下"的理念被越来越多的企业所认同，有了好产品、好位置、好装修但不一定有好的销售业绩。因为销售服务才是产生差异的主要手段，而销售策略与形式是很容易被模仿的，只有销售服务中人的因素才是不可模仿的。因此，销售人员才是提升终端卖场业绩最重要的因素，他们的态度与能力直接决定着企业的销售成败。

【任务设计】

根据设计好的数码产品专柜制订服务规范，按照服务规范要求进行顾客接待、产品展示、产品推介、处理顾客投诉等。

【任务要求】

1. 按服务规范着装。
2. 按规范使用服务用语。
3. 按产品陈列要求做好销售准备。
4. 按照规范要求进行产品推介。

【任务实施】

子任务一　制订服务规范

为了塑造良好的公司形象，为客户提供优质服务，为公司创造良好的经济效益和社会效益，所以必须规范服务人员的行为和提高服务人员的素质。

★做一做：

请根据前面所筹划的数码产品专柜制订一份详细的服务规范。

1. 实训目的

通过市场调研，熟悉各种电子产品销售公司的服务规范。

2. 所需设备及资料

电子产品销售公司的相关资料、计算机、网络、电话机等。

3. 实训步骤

1）根据已定位的产品针对相应的公司进行调研。

2）根据调研结果制订适合自己的服务规范。

3）进行展示和答辩。

4. 实训报告

把调研过程和制订服务规范时的心得体会及遇到的问题记录下来，并与小组成员讨论。

学一学：

一、促销员基本行为规范

1. 服装仪容

为了产生一种自信，在工作时不为仪表担忧；

给客户一种稳重、规范和依赖感；

最佳的第一印象，会带来合作的信心；

客户对促销员的可信度和影响力的评判体现在：语言7%、语调38%、视觉55%。

2. 行为

心理语言的坚（坚定的自信心）；
身体语言的挺（身体挺拔，落落大方，步伐矫健）；
心灵语言的定（平常心，轻松感）。

3. 态度

工作态度：互惠互赢，不卑不亢。
沟通技巧：明朗沉稳的语调，积极灵活的反应。
倾听：认真倾听显示出你对顾客的尊重，了解顾客的需求。
微笑和赞美：微笑和赞美能拉近与顾客的距离。
控制时间：在最短的时间内激起顾客对产品的兴趣。
真诚对待每个顾客：不要把产品功效夸大，要客观巧妙。

二、考核标准

1）仪表：是否按公司要求等。
2）用语：是否使用礼貌规范用语。
3）服务：是否提供一流服务。
4）行政纪律：如考勤，有无迟到早退，穿着是否得体，有无聊天、吃东西等不良行动。
5）对活动的现场维护情况。
6）售后服务：发现问题是否能及时解决。

实例介绍：

销售行业服务标准

一、岗位职责

1）以饱满的精神状态、丰富的专业知识、熟练的演示技能对顾客进行售前服务。
2）保持展台、样机、POP 的整齐、干净、有序、完好。
3）了解行业的发展态势，各竞争品牌的优劣势，熟悉本公司各种产品的卖点特点，并熟练操作。
4）树立企业"窗口"形象，广泛传播企业文化。
5）树立"敬业、团队、创新"的意识，培养积极主动的学习习惯，及时了解公司的各种新品知识、特点。
6）及时准确地汇总每日销售信息并填报"销售报表"。
7）关注、收集各品牌好的措施、竞争品牌各类促销活动的内容及动向。
8）遵守公司的各项规章制度，服从商家的管理，如有疑异，可向该区域的负责人提出，不得自行草率解决。

二、促销员基本行为规范

1. 服装仪容

1）头发要勤清洗，梳整齐。
2）男士胡子每日刮修。

3）指甲应常修剪，不可留太长。
4）必须着统一服装，服装要洗净，并且要烫平。
5）皮鞋常注意有无泥土，每日擦拭一次。
6）工作时间内，必须佩带工作牌（胸卡）。

2. 行为

1）工作时间不得擅自离岗。
2）在工作区域 5m 范围内的顾客，必须主动以目光向顾客打招呼。
3）工作时间内不得背靠墙壁、展台，不得坐在展台上。
4）工作时间内不得在展台附近扣鼻孔或随地吐痰。
5）不得对用户的询问漠不关心或无精打采。
6）工作时间不在展台附近大声喧哗、嬉笑打闹。
7）除为顾客做现场演示外，不得在上班时间玩游戏。
8）保持展台清洁、整齐、有序，样机清洁。
9）对用户的机器要轻拿轻放。
10）协助顾客细致、详尽、准确地填写（顾客回执单）。
11）不得与顾客发生争执。

3. 其他

1）尽量搞好同一卖场内不同竞争品牌促销员之间的关系，严禁发生正面冲突。
2）与商家的工作人员建立良好的合作关系，营造有利于销售的外部氛围。
3）不主动攻击、诋毁同行业竞争品牌，遇到消费者有针对性的提问，可以采取"合理避让"，转移消费者的注意点，突出自我，较客观地强调自己产品的优点；或者对用户说明"本公司规定不对竞争对手的产品做过多的评价。"

讨论时刻

各小组展示已经制订的服务规范，互相讨论是否有不合适或者遗漏的地方，并将讨论结果如实记录下来。

子任务二　展示数码产品

无论多么好的产品，多么好的促销活动，如果没有一个好的促销员展示给消费者看，仍然不会刺激起消费者的购买欲望。促销员的产品知识培训是否到位及产品演示是否熟练直接关系到促销活动的成功与否，所以，对产品知识的了解就非常重要。

★ 做一做

数码产品的功能演示

1. 实训目的

通过学习各种数码产品的功能与作用，锻炼现场展示能力。

2. 所需设备及材料

数码相机、手机、MP3/MP4、电池、充电器等。

3. 实训要求

1）了解相机各个按键的功能。

2）开机操作：安装电池及其他附件执行开机。

3）了解液晶屏上显示的信息。

4）基本设置：功能菜单、日期、时间、语言的设置。

5）模式设置：在各种模式下进行拍照对比。

6）特殊功能使用：在图像数据中嵌入日期、拍摄短片、查看对焦及人物表情、拍摄难以对焦的主体、红眼校正功能、添加声音记录至图像、打印输出图像等。

4. 实训报告

把在数码产品展示中的心得体会及遇到的问题记录下来，并与小组成员讨论。

案例介绍：

丽丽是一名佳能相机的销售人员。在一个月前，她的身份还是一名学生。今天是她第一天上班，她感觉特开心。在上班前她对所展示的佳能相机进行了操作和对每部相机的卖点进行了很多了解。她认为今天她一定能表现得很好。

很快她就迎来了她的第一位客人，是一名年轻人。她先是面带笑容地和客人打招呼，这时，这位年轻的小伙子说，我想买部相机，听说你们佳能的数码相机IXUS120挺好的，你能不能给我介绍介绍呢？丽丽高兴地介绍起来了，她介绍得都很好，像素、变焦倍数、显示屏大小以及卡片机的优点等她都很好地给客人介绍了。这时客人对丽丽说了一句话："其实，我对数码产品不太了解，你能不能告诉我，什么是光圈，什么是快门，它们的作用是什么？"顿时，丽丽蒙住了，她怎么也没想到，客人既然会问这样的问题。她只好找来另一位同事给客人讲解。事后她知道了，她根本就不了解数码相机，因为连最基本的光圈、快门等数码相机的专业术语都不懂。事后她虚心地向同事请教。当她认为她掌握得差不多时，她又遇到了难题。一位客人想买一部数码相机，他之前看过索尼的一部数码相机，觉得不错。听了丽丽的介绍后，他又觉得佳能的也不错。这时他问："佳能的相机和索尼的相机有什么区别呢？"丽丽从来都没有了解过同行的产品，怎么可能知道它们之间的区别。

讨论时刻

请讨论：结合以上案例，讨论一下自己对销售又有了哪些新的认识？并将讨论的结果如实记录下来。

项目一　电子产品专柜销售

学一学：

知识　数码产品的特性

产品的特性主要表现在产品的特征、功能、卖点带给顾客实际使用中的好处。下面以数码相机、数码摄像机为例介绍几个产品的特性。

1. CCD（图像传感器）

一般来说，CCD 尺寸越大，宽容度，动态范围就越好，噪点越少，在拍摄夜景时越有利，在抓拍动态场景时也就有更高的 ISO 感光度可以选择。CCD 尺寸相同的时候，应该选择像素低的机子，像素越低，就意味每个像素的感光面积越大，各项性能也越好。常用 CCD 的尺寸有 1/2in、2/3in、3/4in、1/1.5in、1/2.5in 等。

2. 镜头

主要分为标准镜头、广角镜头和望远镜头三种。标准镜头，通常是指焦距在 40~55mm 之间的摄影镜头。比标准镜头的焦距短的镜头称为广角镜头，其特点是对近景的范围有扩展功能，它所拍摄的景物范围比较宽。比标准镜头的焦距长的镜头被称为望远镜头，其特点是像望远镜一样能将远处的景物放大，可以将远处的景物推进，进行特写。

3. 焦距

焦距是指镜头光学后主点到焦点的距离，是镜头的重要性能指标。相机参数中 35~105mm 是指镜头的焦距从 35mm 可以变到 105mm，150/35=3，即变焦比为 3。

4. 光圈和快门

光圈和快门都是控制光通量的器件。光圈是由多片扇叶组成的，通过控制叶片开合的角度，控制镜头光通过量的大小，以便使 CCD 感光面的亮度适宜。光圈控制通过测光传感器给控制电路传输景物亮度信号，然后由控制电路将控制光圈的信号送到光圈机构，使光圈在拍摄时能自动控制光通量，以便取得良好的图像效果。

光圈通常用 F 值来表示，如 F2.8、F11 等。普及型数码相机一般有 3~4 档，大都为自动控制方式。

快门是用速度来表示的，一般有 1/4~1/1000s，其速度值也是自动控制的。

5. ISO 感光度

感光度就是对光线的敏感程度。感光度越高，曝光效果会越好，但太高的感光度会使画面形成很多噪点或杂讯。常用的有 ISO80、ISO100、ISO200、ISO400、ISO600、ISO800、

ISO1000、ISO1600 等。

6. 镜头的 F 值

通常镜头的口径（直径）越大，图像的亮度就越高，但数码相机拍摄图像的亮度还与焦距和光圈有关。焦距越短即 F 值越小，图像的亮度越高。通常用镜头的焦距 f 值与直径 D 的比值来表示镜头的亮度 F 值，即 $F = f/D$。

F 值越小，集光的能力越高，因此 F 值小的镜头亮，F 值大的镜头则相对较暗。例如，标准镜头的 f 值（焦距）为 50mm，口径为 25mm，则 F 值为 $50/25 = 2.0$。流行数码相机的 F 值常标为 $F = 2.8 \sim 4.0$，是指在变焦状态下 F 值的变化范围。

搜一搜：利用网络搜索自己销售产品的参数并做出比较。

练一练：一个顾客想花 2000 元钱买一台自动变焦的数码相机，请你帮助推荐几款性价比高的机器，并说明推荐理由。

知识拓展：

识别数码相机、摄像机的行货和水货

水货并不是假货或者次品，而是那些合法销售地区和实际销售地区不相符合的产品。由于逃避了关税和正规代理商，水货的价格往往比较诱人，一些镜头的行水差价超过 1000 元。由于对于水货的打击力度不够，很多地方的水货往往和行货放在一起销售，但在售后服务上缺少了很多保障。

1. 水货不等于劣质货

水货同样是正规厂商生产的合格产品，不过销售的时候并不在合法的销售地区。有些水货产品由于批次不同，甚至要比行货产品的质量更好。

2. 价格优势明显

由于避开了种种收费和代理商，水货一般拥有明显比行货更低的价格。和行货相差几百到上千元不等价格是水货产品的最大优势，也是许多消费者购买水货产品的首要动机。

3. 没有行货识别标志

由于不是从正规代理商处进货，因此在水货的包装上一般不会出现官方认证的正品标记，一些封条、货号等也和行货有明显差异。

4. 外观与行货不同

相机生产商给不同地区生产的同种产品可能具有不同的产品型号，往往在外包装、相机型号铭牌上就可以第一时间察觉。例如佳能的机器现在有 S70，销往美国的同样的机器就叫 SD1000，外形和性能上是一样的，也有中文菜单。三星的机器最好分辨了，行货的机身上都打着"蓝调"两个字，当然也有偷偷在水货机器上自己喷上去的，但是没有行货做的好，而且时间长了字就慢慢掉了。

5. 外语菜单及说明书

如果说明书是英文的或者是繁体中文的，就说明是欧版或者是港行（香港产行货在大

陆境内也算是水货的），不过有些卖家也会伪造产品说明书，复印好带简体中文的说明书来冒充。当然一般冒充的说明书做工和字体都很粗糙，可以把相机调成恢复原厂设置再开机，如果是英文界面就是水货了。

6. 配件有所区别

供给不同地区的产品在配件上会有差异，这可能体现在配件的数量上或者是诸如电源插头的规格上。水货的电源三角的插头居多。

7. 具有基本的"店保"

水货是没有全国联保的，商家往往会口头保证一年的"店保"，就是说如果遇到问题就送回商家，商家再代为维修。

8. 一般不开具正规发票

销售水货时，商家会开具一张收据，或者一张维修凭证。消费者一般不会拿到正规的发票。即使给你开了发票也没什么大用，因为维修站根本不会给你保修。

9. 拨打 800 电话为相机验明正身

每一台行货 DC 底部都具有一个唯一的序列号，用户只需拨打厂家 800 的电话，就能知道自己购买的数码相机到底是水货还是行货了。这个办法可以说是最行之有效的辨别方法。佳能、卡西欧、奥林巴斯、富士等行货相机的盒子上面有个防伪标志，刮掉涂层可以电话查询。盒子、保修卡、机身上的序列号应该是一样的。Canon 的三联保修卡的右上角有激光防伪标贴，并且保修卡是中文的，说明书为简体中文版。

10. 品牌 DC 的产地常识

（1）佳能　佳能已经在国内设厂生产消费级的数码相机（部分高端的数码单反仍然靠进口），同时也有进口的数码相机。辨别的最有效方法是：行货的盒子上贴有激光防伪标志，刮掉涂层可以看到一个编号，此时拨打电话查询即可。另外，盒子、保修卡以及机身上的编号是一样的。佳能采用三联保修卡，其右上角有激光防伪标贴，保修卡和说明书为中文印刷。行货都具有中文菜单。

（2）尼康　尼康没有在中国设厂，大陆上销售的行货都是由日本进口的，因此其销售靠四家代理商来完成，分别是亮驰、新康华、量子以及丽达。因此行货在保修卡上肯定会盖有其中一家代理的合法印章，由于尼康只在香港设有分公司，因此其保修卡会有"NIKON HONG KONG LTD"的字样，而如果印有"NIKON JAPAN LTD"的则为水货。另外，行货的尼康相机虽然不是国产，但同样具有中文说明书以及中文菜单。

（3）索尼　索尼在中国设有数码相机制造厂——上海索广，而且内销的产品都来自该厂。因此索尼的行货比较容易辨认，只要认准"MADE IN CHINA"的字样就可以了。另外，行货的保修卡以及盒子上还有上海索广的标贴。

（4）卡西欧　卡西欧没有在中国设厂，但设有卡西欧（上海）贸易有限公司，其外观包装采用英文印刷而非日文，包装盒正面可以看到一个激光防伪标签。盒子里具有中文说明书以及中文保修卡，菜单具有中文界面。

（5）富士　富士在苏州设厂，消费级数码相机的正规行货产地均为苏州。产品的包装盒和日文印刷的不一样，行货产品都采用中文印刷，说明书和保修卡都是中文。

（6）奥林巴斯　奥林巴斯也在中国设厂，行货的包装、说明书以及保修卡等都是中文印刷。而且正规行货会有标识：奥林巴斯（中国）投资有限公司。

(7) 松下 松下在国内没有设数码相机制造工厂,其国内行货都是由日本进口。松下的行货产品主要具有中文说明书以及中文保修卡,其菜单界面也具有中文选择。

实例介绍:

佳能 A580 数码相机的参数

1. 机身特点

机身类型:低端家用相机。感光元件:CCD。传感器尺寸:1/2.5in。总像素数:800 万像素。特色功能:手动。

2. 镜头特点

光学变焦:4 倍,等效于 35mm 胶片尺寸的 35~140mm 镜头焦距。

近拍距离:5~45cm(广角)、30~45cm(长焦)。

光圈大小:F2.6~F5.5。

感光度:高 ISO 感光度提供自动、ISO80、ISO100、ISO200、ISO400、ISO800、ISO1600等选择。

对焦方式:9 点人工智能自动对焦、面部优先、中央单点自动对焦、自由移动自动对焦框。

广角镜头:否。长焦镜头:否。对焦范围:45cm 至无限远。高感光度:否。伸缩镜头:是。闪光灯类型:内置。支持热靴:否。拍摄性能连拍功能:支持约 1.4 张/s。动态拍摄:640×480、320×240(30 帧/s)、160×120(15 帧/s)。

图像分辨率:3264×2448(大)、2592×1944(中 1)、2048×1536(中 2)、1600×1200(中 3)、640×480(小)、1600×1200(明信片模式)、3264×1832(宽屏)。

图像处理系统:DIGIC Ⅲ。显示屏像素及类型:2.5in、11.5 万像素液晶显示屏。取景器:光学。

3. 拍摄性能

连拍功能:约 1.4 张/s(大/精细格式,LCD 关闭)。

动态拍摄:AVI。

场景模式:派对/室内、沙滩、雪地、夜间风景、烟花、花卉、其他。

曝光模式:程序自动曝光。

曝光补偿:±2.0EV,每级 $\frac{1}{3}$ EV 可调。

曝光测量:评价测光、中央重点平均测光、点测光。

白平衡调节:自动、预设(日光、阴天、白炽灯、荧光灯、荧光灯 H)、自定义。

防红眼:支持。防抖性能:否。快门性能快门速度:15~1/2000s。数据传输接口:USB2.0。

知识领会　　　　**产　品　质　量**

产品质量指的是在商品经济范畴,企业依据市场特定的标准,对产品进行规划、设计、制造、检测、计量、运输、储存、销售、售后服务、生态回收等全程的必要的信息披露。

产品质量除了含有实物产品之外，还含有无形产品质量，即服务产品质量。服务质量也是有标准的。一般来说，常把反映产品使用目的的各种技术经济参数作为质量特性，主要分为产品内在质量和产品外观质量。泛义上的产品质量是指国家的有关法规、质量标准以及合同规定的对产品适用、安全和其他特性的要求。质量特性，区分了不同产品的不同用途，满足了人们的不同需要。人们就是根据工业产品的这些特性满足社会和人们需要的程度，来衡量工业产品质量好坏优劣的。

产品质量是由各种要素所组成的，这些要素亦被称为产品所具有的特征和特性。不同的产品具有不同的特征和特性，其总和便构成了产品质量的内涵。产品质量要求反映了产品的特征和特性满足顾客和其他相关方要求的能力。顾客和其他质量要求往往随时间而变化，与科学技术的不断进步有着密切的关系。这些质量要求可以转化成具有具体指标的特征和特性，通常包括使用性能、安全、可用性、可靠性、可维修性、经济性和环境等几个方面。

产品的使用性能是指产品在一定条件下，实现预定目的或者规定用途的能力。任何产品都具有其特定的使用目的或者用途。

产品的安全性是指产品在使用、储运、销售等过程中，保障人体健康和人身、财产安全承受能力。

产品的可靠性是指产品在规定条件和规定的时间内，完成规定功能的程度和能力。一般可用功能效率、平均寿命、失效率、平均故障时间、平均无故障工作时间等参量进行评定。

产品的可维修性是指产品在发生故障以后，能迅速维修恢复其功能的能力，通常采用平均修复时间等参量表示。

产品的经济性是指产品的设计、制造、使用等各方面所付出或所消耗成本的程度。同时，也包含其可获得经济利益的程度，即投入与产出的效益能力。

子任务三　接待及销售

销售是指企业通过人员推销或非人员推销的方式，向目标顾客传递商品或劳务的存在及其性能、特征等信息，帮助消费者认识商品或劳务所带给购买者的利益，从而引起消费者的兴趣，激发消费者的购买欲望及购买行为的活动。

★做一做：

情景训练：根据设置的不同情境向前来参观的顾客进行现场推销自己的产品

1. 实训目的

通过学习接待及销售的方法，掌握不同情境下应对顾客的技巧。

2. 实训场地及设备要求

1）准备一个 $50 \sim 80 m^2$ 空旷的实训室。

2）专柜 5~10 张，建议采用不同设计规格的。

3）各类数码产品机模 10~20 个，需要不同型号、不同款式。

4）产品支撑架或座子若干，根据具体产品选购。

3. 实训步骤

1）详细了解各种情境下应对顾客的技巧。

2) 根据设置的情境进行产品推介。
3) 进行录像展示和答辩。

4. 实训报告

在情景训练结束后,每一位都将进行自我总结,每组组长进行总结性评价。

任务检测与评估

工作仪表考核表见表1-4。

表1-4 工作仪表考核表

检查项目	女生	是否做到
头发	头发整洁,发式不能太过复杂,长发要扰起,丝带和发夹的式样、颜色不能太过华丽	是□ 否□
面容	不能浓妆艳抹,可着淡妆,香水不可过浓	是□ 否□
服装	样式与颜色以朴素为好,若公司配发工作服则应穿工作服,服装保持清洁,内外装搭配得当,不佩戴夸张饰品	是□ 否□
手部	指甲不能过长,不涂带颜色的指甲油	是□ 否□
鞋袜	按照活动要求穿着指定颜色鞋子,鞋袜保持清洁,没有破损	是□ 否□
检查项目	男生	是否做到
头发	头发整洁干净,发型清爽自然,没有头屑,鬓角整齐	是□ 否□
面容	胡须要刮净,保持清洁、无体臭、口臭	是□ 否□
服装	服装的颜色和花样不能过于华丽,公司若配发工作服,则应穿工作服,领口和袖口没有污迹,没有破裂和褶皱	是□ 否□
手部	指甲长度适宜,指甲内没有污垢	是□ 否□
鞋袜	按照规定穿鞋,鞋面干净,打油揩亮,颜色样式得当,颜色和花样不能太过于耀眼,保持整洁,没有异味	是□ 否□

工作职责考核表见表1-5。

表1-5 工作职责考核表

专柜名称:		被考核人:		日期:	
考核项目	应达标准		实际情况	扣分	得分
出勤情况(10分)	不无故离开工作区域				
着装(10分)	整洁、干净着工作服				
展台、灯箱、POP、样机(10分)	摆放整齐,灯箱明亮,POP摆放有序,样机无灰尘				

(续)

专柜名称：		被考核人：	日期：		
考核项目	应达标准		实际情况	扣分	得分
有无违规（15分）	1）不玩游戏 2）不串岗、聊天 3）不背靠展台				
工作记录（10分）	1）销售报表填写清楚 2）促销员每日自检表完备				
销售技巧（25分）	1）5m之内的顾客主动打招呼 2）较好与顾客沟通，了解需求 3）较好解答顾客疑问 4）果断建议顾客购买 5）装机、试机及服务周到				
技术卖点讲解能力（20分）	1）对产品熟悉 2）对产品卖点讲解正确				

注：考评满分为100分，60分以下为不及格；60~70分为及格；71~80分为中等；81~90分为良好；91以上为优秀。

学一学：

标准接待流程

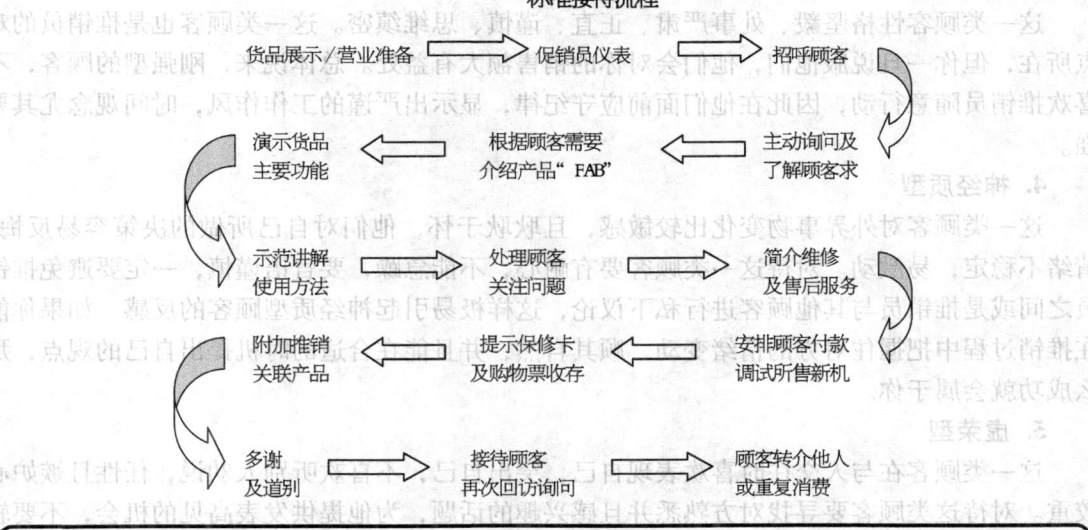

标准接待流程

货品展示/营业准备 → 促销员仪表 → 招呼顾客
演示货品主要功能 ← 根据顾客需要介绍产品"FAB" ← 主动询问及了解顾客求
示范讲解使用方法 → 处理顾客关注问题 → 简介维修及售后服务
附加唯销关联产品 ← 提示保修卡及购物票收存 ← 安排顾客付款调试所售新机
多谢及道别 → 接待顾客再次回访询问 → 顾客转介他人或重复消费

知识领会　　　**FAB 的含义**

F：Feature　　产品特征，本身具备的特殊功能
A：Advantage　优点，由特性引发出的用途
B：Benefit　　好处，是给客户带来的利益

知识链接：

用 户 识 别

在自我心理准备成熟，充分研究产品之后，下一步就是针对顾客做好推销的准备工作。由于个性、习惯、地域、环境等不同，顾客的类型肯定不同，只有了解其类型并针对不同的需求加以满足，才能让顾客觉得满意。

读一读：怎样分清顾客的类型

把顾客从心理上划分为9种类型，熟悉了解每一类顾客的性格与心理，从而在推销过程中能对症下药，对人施计，以下是几种顾客的类型分类。

1. 内向型

这类顾客生活比较封闭，对大多外界事物表现冷淡，和陌生人保持相当距离，对自己的小天地之中的变化异常敏感，说服此类顾客对促销人员来说难度是相当大。对于这类顾客，促销人员给予他们的第一印象将直接影响着他们的购买决策。此外，对这一类顾客要注意投其所好，则容易谈得投机，否则会难以接近。

2. 随和型

这一类顾客总体来看性格开朗，容易相处，闪心防线较弱，对陌生人的戒备心理不如第一类顾客强，他们在面对推销员时容易被说服，不令推销员难堪。这一类顾客表面上是不喜欢当面拒绝别人的，对于性格随和的顾客，推销员的幽默、风趣自会引起意想不到的作用。

3. 刚强型

这一类顾客性格坚毅、处事严肃、正直、谨慎、思维缜密。这一类顾客也是推销员的难点所在，但你一旦说服他们，他们会对你的销售额大有益处。总体说来，刚强型的顾客，不喜欢推销员随意行动，因此在他们面前应守纪律，显示出严谨的工作作风，时间观念尤其要强。

4. 神经质型

这一类顾客对外界事物变化比较敏感，且耿耿于怀，他们对自己所做的决策容易反悔，情绪不稳定，易激动。对待这一类顾客要有耐心，不能急躁，要言语谨慎，一定要避免推销员之间或是推销员与其他顾客进行私下议论，这样极易引起神经质型顾客的反感。如果你能在推销过程中把握住对方的情绪变动，顺其自然，并且能在合适的时机提出自己的观点，那么成功就会属于你。

5. 虚荣型

这一类顾客在与人交往时喜欢表现自己，突出自己，不喜欢听别人劝说，任性且嫉妒心较重。对待这类顾客要寻找对方熟悉并且感兴趣的话题，为他提供发表高见的机会，不要轻易反驳或打断谈话。在整个推销过程中推销员不能表现太突出，不要给对方造成对他极力劝说的印象，如果在推销过程中你能使第三者开口附和你的顾客，那么他会在心情愉快的情况下做出令你满意的决策。

6. 好斗型

这一类顾客好胜、顽固，对事物的判断比较专一，又喜欢将自己的想法强加于人，征服欲强，他们有事必躬亲的习惯，尤其喜欢在细节上与人争个明白。对待这种顾客一定要做好心理准备，准备好被他步步紧逼，必要时丢点面子也许会使事情好办得多。但你要记住：争论的胜利者往往是谈判的失败者，千万不可意气用事，贪图一时痛快。准备足够的数据资料、证明材料将会助你取得成功。再有就是要防止对方提出额外要求，不要给对方突破口。

7. 执着型

这类顾客多为老年顾客或是消费上具有特别偏好的顾客，他对新产品往往不乐意接受，不愿意轻易放弃原有的消费模式与结构，对推销员的态度多半不友好。推销员不要试图在短时间内改变这类顾客，否则容易引起对方反应强烈的抵触情绪和逆反心理，还是让你手中的资料、数据来说服对方比较有把握一些，对这类顾客应该先发制人，不要给他表示拒绝的机会，因为对方一旦明确表态再让他改变则有些难度了。

8. 怀疑型

这类顾客对产品和推销员的人格都会提出质疑，而对怀疑型的顾客，推销员的自信心显得更为重要，你一定不要受顾客的影响，一定要对产品充满信心。

9. 沉默型

他们在整个推销过程中表现消极，对推销不感兴趣。这时推销员可以提出一些简单的问题刺激顾客的谈话欲，就产品功能进行解说，打破沉默，找出问题根源，如能当时解决则迅速调整。

> **温馨提示：**
> 不要抢着给顾客哇啦哇啦说了一通，结果顾客也不知是哪家产品，什么优点。而是，不要强迫顾客接受，向顾客娓娓道来，向顾客介绍本次促销活动他们会得到多大的实惠，反而更容易引起顾客的关注。

接待及销售情景训练

根据售前服务标准流程我们把整个销售过程分解为：开场接待、了解顾客需求、产品解说、引导顾客体验、应对顾客拒绝、处理价格异议、促成交易等七个场景。针对每个场景设置问题并进行情景分析、实例介绍、技巧应用和模拟训练。

情景一 开场接待

热情的接待像一朵漂亮的玫瑰，是导购送给顾客的第一份礼物。有度的热情像花朵，能带给顾客美的享受，让顾客愿意留下来选购；而过度的热情则像刺，会刺伤顾客购物的心情。所以导购初次接待顾客一定要热情有度，通过真诚的微笑、恰当的赞美、与顾客共同感兴趣的话题，迅速建立与顾客的友好关系，给顾客留下美好、专业、可信赖的第一印象。下面将针对不同的接待情景进行分析，并模拟训练。

一、顾客独自走进家电卖场

◇你好，欢迎光临！
◇先生，想买什么家电？
◇小姐，请随便看看！

请分析以上招呼用语是否合适，并如实将分析结果记录下来：

错误之处：
_____
_____

正确用语：
_____
_____

【情景分析】

1）很多顾客逛家电卖场并非马上要买，而是想了解一下产品的知识，收集一些产品价格、款型、功能及促销情况等资讯。

2）因为家电产品比较专业，顾客不太熟悉家电技术及其功能，因此容易心怀疑虑，害怕上当受骗。所以，顾客刚刚进店时感觉陌生，最重要的是打消其顾虑，消除其戒备心理。

3）看到顾客进店，导购应面带微笑主动相迎，对顾客行注目礼，并在距离顾客1m左右向其问好，然后用目光关注顾客的举动，并在顾客需要的时候适时提供服务帮助，从而建立双方的互信关系。

4）导购切忌过于热情，一见面就不分青红皂白地推介商品，这样不但难以成交反而容易吓跑顾客。

方法技巧：

打招呼：热情但不要喋喋不休。

◇热忱：导购热情向顾客打招呼，对方的心情会跟着好起来；

◇目光：用目光注视着顾客的眼睛，让对方感受你的诚意；

◇笑容：真诚的笑容能拉近你与顾客之间的距离。

消除顾客的戒备：

导购提问时给顾客提供2个选择，让顾客在限定的范围内做出选择，从而将主动权掌握在自己手中，句型为"你是想××，还是××？"。

实例介绍：

例一 导购："小姐，上午好！欢迎光临××家电卖场（强调店名或者品牌名，增加品牌印象）！"（说完后后退半步，给顾客一个宽松的环境，停几秒后顾客没有回应时，导购再缓步上前向顾客询问）

导购："小姐，想看什么电器呢？你是想自己先看看，还是让我有重点地给你介绍一下？"（尊重顾客的意愿，让顾客自己做出选择）

例二 导购："先生，你好！请进来看一看，这是××专柜！我很高兴能为你服务。家电是耐用性的大宗商品，一定要多看，多比较。你买不买没有关系，我会尽我的所能为你提供资讯和服务的。你是先逛逛看看，还是我陪你一边看一边介绍呢？"

例三 导购："先生，你好！我们这里是××产品专柜，请随便挑选。"

导购:"先生,买不买没关系,不过你一定要了解我们专柜的数码相机。作为世界上最高档最先进的数码相机,你看了以后会对数码相机有比较详细的了解,即使不买也会对你日后挑选数码相机积累宝贵的经验。你是需要我为你推介一下,还是想自己先看看呢?"

讨论时刻

请讨论:结合上述三则案例,讨论以上案例当中的对话是否合适,并将讨论的结果如实记录下来。

_____

_____

练一练:

1. 请你对着镜子练习真诚、自然的微笑。
2. 请你列举迎宾开场时的几个选择性提问。

二、顾客与同伴一起进店

◇你们好,请问是哪位想买家电?
◇小朋友请不要乱跑,小心摔到!
◇老人家如果累了的话,可以到休息区等候。

请分析以上招呼用语是否合适,并如实将分析结果记录下来:

错误之处:

_____

_____

正确用语:

_____

_____

_____

【情景分析】

1) 顾客逛家电卖场时往往喜欢携家人或亲友等同伴一起前来选购,让同伴给自己当参谋。虽然顾客的同伴没有决策权,但他们的建议对顾客的购买决定起着重要的影响作用。

2) 如果同伴持反对意见,顾客多数都不会购买。因此,导购一定要重视顾客的同伴,可以通过用目光关注、赞美、征询意见等方式,与顾客的同伴建立友好的关系。

3) 如果顾客带着爱人或异性朋友,导购可以通过赞美顾客的同伴来获得对方的好感;如果顾客带着小孩,则可以先和小孩拉拢关系,只要把孩子稳住,大人基本上就不会急着要走。导购应该迅速判断出顾客此行中谁是拥有决定权的人物,然后先从他入手重点说服。

4）只要留住了顾客的同伴，就等于成功地留下了顾客。

方法技巧：

接待多名顾客的要点：

◇夫妻或情侣：赞美女顾客，向男顾客征求对产品的意见。

◇与朋友同来的顾客：简单寒暄，询问谁是购买的决定人，然后向其推介产品。

◇带小孩的顾客：赞美并安顿好小孩，让顾客放心挑选产品。

实例介绍：

例一　导购："欢迎两位光临××家电店！两位拿了那么多宣传资料，一定跑了不少地方了。你看这位漂亮的小姐还穿着高跟鞋，肯定累了吧？快请到这边坐下喝口水，先休息一会！先生，你正在看的这几款是目前市场上的主流机型，如果你感兴趣的话，让我为你介绍一下吧。"

例二　导购："三位美女，看你们提着大包小包，有说有笑的，看来今天收获不少啊？现在是哪位美女想看什么类型的产品呢？难得今天有两个贴心的参谋在，相信一定可以挑到满意的产品！"

例三　导购："哇！一家人出来逛商场真开心啊！这位小朋友，送你两个小气球（广告品），今天陪爸妈来选什么电器呢？"

顾客："我们想看摄像机。"

导购："好的，你们可以看看这款，是××新推出的××××，只卖×××元。若你有兴趣的话，我可以介绍一下！你的女儿真漂亮，眉清目秀，皮肤像妈妈一样白净。小朋友今年几岁啦？上幼儿园没有？"

讨论时刻

　　　　　请讨论：结合上述三则案例，讨论以上案例当中的对话是否合适？并将讨论的结果如实记录下来。

练一练：

1. 你如何与进店的顾客及其同伴寒暄？
2. 你同时接待多名顾客要注意哪些要点？

三、旺场时同时接待多名顾客

◇你先等一下，我现在很忙！

◇你别急，人家要买单了，我等一下就招呼你！

◇今天人太多了，要不你改天再来？

请分析以上招呼用语是否合适，并如实将分析结果记录下来。

错误之处：_____
_____
_____

正确用语：_____
_____
_____

【情景分析】

1）家电卖场往往有旺场和淡场之分。旺场时顾客在某个时段大量进入卖场，顾客的数量大大多于导购的数量；而淡场时则人流稀少，往往导购的人数比顾客还要多。

2）旺场时导购要服务好顾客，抓住机会促成顾客买单。而淡场时顾客稀少，导购通过理货、清洁整理卖场等方式开始制造忙碌的氛围，吸引顾客进店。

3）旺场时销售氛围热烈，顾客的购买热情也比较高涨。导购往往要同时接待多名顾客，此时一定要秉承一视同仁的原则，对每位顾客都要热情，平等对待，让每个顾客感觉到随时有人为其提供服务。这时，导购要注意"接一顾二招呼三"，让顾客觉得你服务热情周到，工作忙而不乱。

4）旺场的时间有限，导购应加快接待的动作和服务的速度，对有购买意向的顾客尽量做到速战速决，力求多接待顾客多成交。

方法技巧：

接一顾二招呼三：

（1）含义：当顾客光临应接不暇时，导购手中应接待先来者，用目光照顾次来者，嘴里招呼后来者，让顾客时刻感觉自己的服务和热情，使顾客皆能满意购买，赢得顾客赞誉，正确争取最大的销售机会。

（2）应用：先接待第一个顾客，让其他两位稍等，提出"请您稍等片刻，马上接待您"，让顾客在等候中保持良好的情绪；在接待第二个顾客时要说"不好意思，让您久等了"；接待第三个顾客同接待第二个顾客的方式一样。

实例介绍：

例一　导购："先生，欢迎光临××，请随便参观，如果有什么问题，我十分乐意为你解答。不过今天是周末，顾客比较多，你先看看货品，有什么需要请随时喊我一声，我会马上过来为你服务的。"（让刚进店的顾客自由参观选购）

例二　导购："小姐，欢迎光临！希望你能在这儿选到满意的产品，很抱歉，这个时段前来选购的顾客比较多，你是自己先看看产品，还是坐下来喝杯水，稍等片刻再让我为你详细介绍呢？"（给刚进店的顾客两个选择）

例三　导购："大姐，不好意思，让你久等了！你是问这款××全自动滚筒洗衣机吧？它是采用超薄设计，符合现代家居的简约格调，能为你的居所节省更多空间。你可以打开看

一看啊！"（对等待询问的顾客详细介绍产品）

例四　导购："大哥，对不起！请你稍等一会，我失陪一下马上就过来！你先看看产品或宣传说明资料，好吗？"

讨论时刻

请讨论：结合上述四则案例，讨论以上案例当中的对话是否合适，并将讨论的结果如实记录下来

_____

_____

_____

练一练：

1. 练习使用"接一顾二招呼三"。
2. 旺场时同时接待多名顾客，你要注意哪些要点？

举一反三：请对以下情景进行分析和训练。

1. 顾客在店内慢慢闲逛。
2. 顾客直奔某个专柜。
3. 顾客停下脚步仔细看、触摸产品。

情景二　了解顾客需求

了解顾客的需求对于普通的导购来说，就像雾里看花，真假难分；而对于优秀的导购而言，就是一次有趣的探秘过程。他们往往懂得运月"观察＋试探＋倾听＝充分了解顾客需求"的公式，像医生通过"望闻问切"找出病人的病症一样，抽丝剥茧地将顾客真正的需求挖掘出来，然后对症下药，从品牌和产品的各个方面找到满足顾客需求的要素。下面将针对不同的情景进行分析，并模拟训练。

一、顾客想买什么电器

◇请问你是想买家电吗？

◇请问你想买什么家电？

◇请问你是想买电视、冰箱、洗衣机，还是空调？

请分析以上招呼用语是否合适，并如实将分析结果记录下来。

错误之处：_____

_____

_____

正确用语：_____

_____

_____

【情景分析】

1) 逛家电卖场的顾客购买的目的性比较强，他们在进入卖场前一般都想好了要看什么或要选什么家电。所以有经验的导购会在长期的工作中形成一种感觉，只需要观察就能感觉出进门的顾客会买什么、购买力怎么样。

2) 想要弄清楚顾客想选购什么电器，导购可以从观察推测和灵活提问这两方面着手，这样才能更有针对性地为顾客推荐合适的产品，节省双方的时间和精力。

3) 导购可以通过对顾客的认真观察，例如从顾客站立的位置、目光浏览的电器种类等方式来推测出顾客对什么电器感兴趣。

4) 导购可以通过向顾客直接提问或者用"二选一"法进行提问，循序渐进地逐步引导顾客说出想选购什么类型的电器。

方法技巧：

1. 提问的方式

◇ "开门见山"提问：直接问顾客"你想看什么电器？"或者"你是想看××吧？"

◇ "二选一"提问：问顾客"请问你是想看××，还是想看××呢？"然后循序渐进地逐步引导顾客说出想选购什么类型的电器。

2. 提问注意事项

◇ 先问简单、容易回答的问题。

◇ 引导提问和用心倾听，80%的时间用来听顾客讲话。

◇ 连续提问的问题不要超过三个。

实例介绍：

例一　导购："大叔，这几天天气热起来了。你今天来是想看看电风扇吧？"（看见顾客站在电风扇专柜前驻足）

顾客："对呀！"

导购："那你是想看台式的还是落地式的呢？"

顾客："想放在客厅用，落地式应该好一些吧？"

导购："对，在客厅用落地式的比较合适。因为它外形美，有气势，还具有装饰房间的功能。来，落地式风扇都在这边，你是需要我为你有针对性地介绍还是想自己先慢慢挑选一下？"

例二　导购："小姐，欢迎光临××专柜，你是想看空调吧？"

顾客："对呀！"

导购："请问准备放置在多大面积的房间里？"

顾客："20多平方米。"

导购："那你想选1.5匹的还是2匹的呢？"

讨论时刻

请讨论：结合上述两则案例，讨论以上案例当中的对话是否合适，并将讨论的结果如实记录下来。

练一练：

1. 导购向顾客提问应注意哪些技巧？
2. 请你用"二选一"法问出顾客想选购什么类别的家电。

二、顾客购买时重点考虑哪些因素

◇你选购时重点考虑哪些因素呢？
◇你最看重质量吗？
◇你最看重价格便宜吗？

请分析以上招呼用语是否合适，并如实将分析结果记录下来。

错误之处：

_____

_____

正确用语：

_____

_____

_____

【情景分析】

1）通过顾客询问购物时重点考虑哪些因素，可以有效收集顾客的信息，了解顾客的需求。

2）导购可以从与顾客的对话中体会到他对选购产品的关心点，针对顾客的购买心理特点推荐符合其需求的品牌和产品。

3）引导顾客说话时，应该与顾客建立一种朋友式的对话讨论氛围，而不是一种审问式的交谈。这样，我们自己就会心情轻松起来，在向顾客提问和交流时就能取得较好的效果。

4）导购在询问顾客购买时考虑的因素之后，应该为其提供几个可供选择的答案，以便顾客容易回答。顾客做出回答后，导购应赞同顾客的观点，并说明具体的理由，然后自然而然地过渡到推介的产品上。

方法技巧：

针对注重不同因素的顾客的回答技巧：

◇对于注重品牌的顾客：导购应该推荐知名度较高、质量档次较高的外资品牌或国产品牌。

◇对于注重价格的顾客：导购应推荐使用性价比高的产品。

◇对于注重功能的顾客：导购应推荐技术领先、节能环保的产品。

实例介绍：

  例一 导购："你好！请问你在挑选数码照相机时最看重什么？"（为顾客准备好可以选择的答案）

  顾客："没想过或不知道。"

  导购："对不起，这个问题有点大。一般人选购数码相机时都会关注品牌、外观设计、价格、功能和售后服务等，不知道你最在意那一项指标呢？"（以下是顾客不同回答的应对）

  例二 顾客："品牌"。

  导购："你真有眼光，一看就知道你是一个很有品味的人！品牌数码相机虽然价格会高一些，但一般都拥有丰富的功能、乖巧的外形、良好的售后服务等。对于有经济实力的人而言，买品牌数码相机真是省时省心省力啊！你最喜欢哪个品牌？"

  例三 顾客："设计。"

  导购："你肯定是个很有个性的人！因为设计是数码相机的灵魂，优美的设计能带给人们感官和视觉与众不同的感受。你最喜欢哪种风格的数码相机呢？"

  例四 顾客："价格。"

  导购："你说的太对了！选购数码相机最重要的就是实用，选择在自己能承受价位以内的数码相机就不用担心银子不够用了。我们店几款数码相机正好在做特价促销，价格绝对实惠。"

  例五 顾客："品牌、质量和款式设计都很重要。"

  导购："哇！我今天真是碰到行家了！像你这么专业的顾客真的不多见！你平时一定很喜欢研究高档数码相机，你今天有什么心仪的选择没有？"

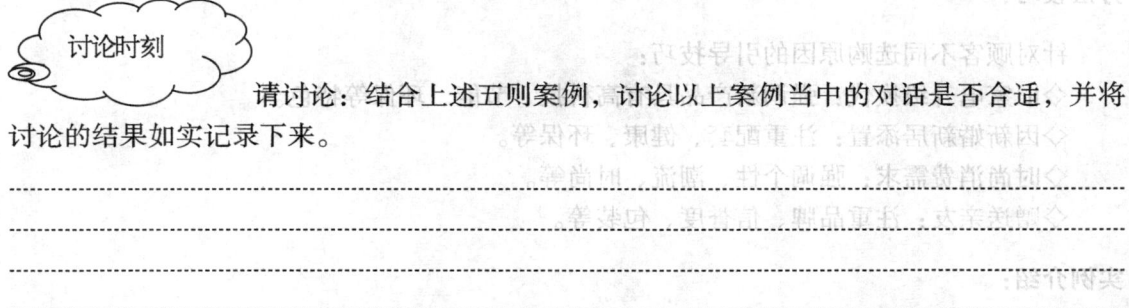

  请讨论：结合上述五则案例，讨论以上案例当中的对话是否合适，并将讨论的结果如实记录下来。

练一练：

  1. 导购为什么要询问顾客购物时重点考虑哪些因素？

  2. 请你练习询问顾客购物时重点考虑哪些因素的话语。

三、顾客选购家电的主要原因是什么

  ◇先生，您为什么要换新家电呢？

  ◇大姐，您来买家电的主要原因是什么呢？

  ◇您是买了新房还是准备结婚？

  请分析以上招呼用语是否合适，并如实将分析结果记录下来。

  错误之处：

正确用语：

【情景分析】

顾客选购家电的原因不外乎以下这几种：旧家电升级换代、新婚新居添置家电、时尚消费需求、赠送亲友等。如果能弄清楚顾客选购家电的主要原因，导购就能更有针对性地为顾客推介产品，而且顾客的接受度也会大大提高。

1）想知道顾客选购的主要原因是什么，导购一般可以通过对顾客的年龄、服饰、举止行为、语言、顾客的同伴等进行细致的观察，从而揣摩推测出顾客选购家电的原因属于哪种类型。

2）例如顾客是对二十多岁的情侣在卖场内细看各种家电，那么他们选购的原因很可能是为新婚新居添置家电，这类顾客往往需要选购整套家电。

3）导购推测顾客选购家电的原因并不一定完全正确，所以还要通过询问顾客来验证。导购如果推测正确，则应引导顾客的进一步需求；如果推测错误，那么就要及时圆场，避免做出错误的推介。

方法技巧：

针对顾客不同选购原因的引导技巧：
◇旧家电升级换代：强调新产品具有高科技、节能、环保等特色。
◇因新婚新居添置：注重配套、健康、环保等。
◇时尚消费需求：强调个性、潮流、时尚等。
◇赠送亲友：注重品牌、信誉度、包装等。

实例介绍：

例一 导购："两位下午好！我看两位今天心情特别好，满面春风的，是不是好事将近？今天是为新婚新居选购家具吧？"

顾客："对啊，有什么优惠没有？"

导购："肯定有优惠啦！我们现在正举办第三届新婚新居家电节，特推出多款风格统一、性能协调的套装产品来装扮新婚新居。一次性消费满xx元可获……"

例二 导购："大叔，想换台液晶电视吧？"

顾客："对，家里的旧彩电出毛病，我先来探探行情。"

导购："现在换彩电最合适了，随着科技不断发展，现在的液晶电视屏幕比以前大、画质比以前好、重量比以前轻，价格啊，还比以前便宜一半多。"

讨论时刻　　请讨论：结合上述两则案例，讨论以上案例当中的对话是否合适，并将讨论的结果如实记录下来。

练一练：

  1. 顾客选购家电的主要原因有哪几个？
  2. 针对顾客选购家电的不同原因，导购应采取哪些引导技巧？

举一反三：请对以下情景进行分析和训练。

  1. 顾客对品牌有何偏好？
  2. 顾客购买商品的预算是多少？
  3. 顾客喜欢什么款式的家电？
  4. 顾客购买是自用还是送礼？
  5. 顾客是首次购买还是更新换代？

情景三　产品解说

  产品解说是信心的传递，是情绪的转移。如果导购在 10～15s 内没能引起顾客的兴趣，顾客就会离开，所以，导购在进行产品解说时必须将自己对产品的热爱传递出来，让顾客感受到你的热诚，并用生动有趣、通俗易懂的语言将产品的优点和价值塑造出来，使顾客认可产品的质量，激发顾客购买的欲望。下面将针对不同的产品解说情景进行分析，并模拟训练。

一、这款电器外形不大好看

  ◇怎么会呢？很多顾客都很喜欢这个款型啊！
  ◇我觉得挺好，哪里不好看呢？
  ◇那你觉得哪个款型好看就买哪个吧！
  请分析以上招呼用语是否合适，并如实将分析结果记录下来。
  错误之处：

  正确用语：

【情景分析】

  1）顾客在选购一款电器时，首先通过感观对想购买的产品外形进行品评，通过外观从侧面验证自己选择的电器的内在质量可靠与否，从而坚定自己的选择或尽快改变选择。

2）顾客说"这款电器外形不大好看"有两种可能：一是顾客从自己的审美观来看真的认为这款电器外形不大好看；二是顾客其实比较喜欢这款产品，特意找缺点以便砍价。

3）导购听到顾客说外形不大好看时完全没必要慌张，而应该沉着应对，辨别顾客的真实意图。

4）如果顾客对这款产品了解得较为详细且流露出喜爱之情，则可以基本判断顾客是想砍价；如果顾客对产品不怎么关注，则可以基本判断顾客真的认为外形不好看，使用引导顾客深入了解产品的策略，用产品的内在美及优势来打动顾客。

方法技巧：

转换角度法：
◇从××角度看……换个角度看……
◇一方面……另一方面……
◇是的……但是、不过……

实例介绍：

例一 导购："你说得对！从时尚的角度看，我们这款数码相机确实不够时髦（将不大好看的问题具体为不够时髦）。但换个角度看，我们这款数码相机大方得体，正好与成功的男士及其成熟的气质相匹配（转换角度，陈述优势），所以这么多年以来，数十万的专业人员及商务人士都选择它，验证了它与众不同的独特魅力，相信它同样适合属于商务人士的你。你认为呢？"

例二 导购："是的，这款音箱外形确实没有流线型设计的那么流畅，不过胜在音质好（转换角度），是所有音乐与电影发烧友的至爱。我们这款音响拥有震撼性的3D环绕立体声和低音炮……听音乐看电影如临其境（陈述优势）。相信你只要多听几次，就一定会喜欢的，你坐下来用心感受一下就知道了。"

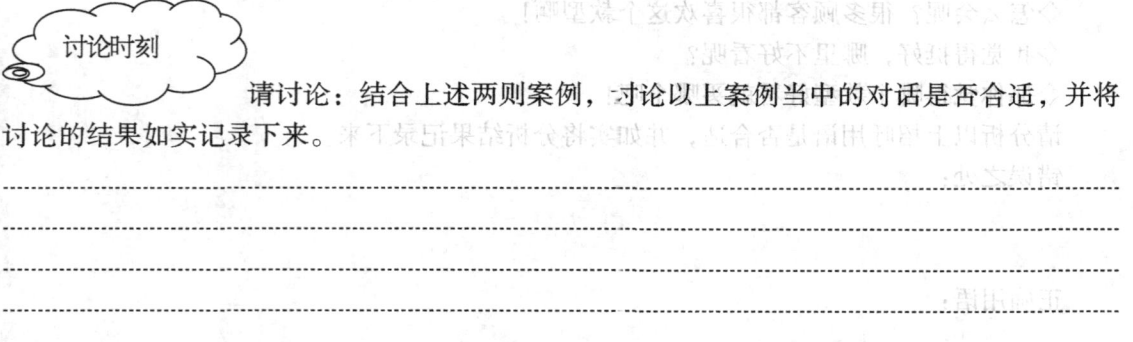
讨论时刻　　　请讨论：结合上述两则案例，讨论以上案例当中的对话是否合适，并将讨论的结果如实记录下来。

_____
_____
_____
_____

练一练：

1. 请列举三种不同的转换角度方法。
2. 请列举三句陈述产品优势的话语。

二、这款产品太笨重了

◇这不是笨重，是稳重大方！

◇这款不算笨重啦,那边的那款才叫笨重呢!
◇这边有轻薄型的,不过贵很多!
请分析以上招呼用语是否合适,并如实将分析结果记录下来。
错误之处:

正确用语:

【情景分析】

1)越是"轻薄、精美"的家电,越受消费者的欢迎。所以家电向轻薄方向发展已经是大势所趋,这样既能节约空间,也方便人们搬运、安装或携带。

2)当顾客提出"这款产品太笨重"时,一般是由于这款产品相对于同类产品来说体积比较大,占的地方比较大,携带也不够方便。但如果事实上产品并不算很笨重的话,这可能是顾客故意找的借口与导购讨价还价。导购应对这两种情况进行区分,然后采取不同的策略去应对。

3)如果产品真的比较笨重,但顾客还是感兴趣的话,可以解释产品笨重的原因(即优点)去说服顾客;如果顾客对产品不感兴趣,则可以推介其他轻薄的产品。

方法技巧:

说服顾客接受笨重产品的技巧:
◇过分轻薄会影响产品的功能。
◇过分轻薄会影响产品的质量。
◇过分轻薄会影响产品的散热。
◇笨重产品价格比轻薄的价格更实惠。

实例介绍:

例一 导购:"你说得没错,这款数码相机并不是很轻薄,不过过分追求轻薄会影响产品的功能。你想想看,数码相机最关键的是芯片和电路,我们这款产品这两样的厚度都已经在用毫米计算了,但作为相机除了芯片、电路还要有快门、存储器、镜头等其他部件呢,后面这几样可不能随便缩减。如果出于对轻薄的追求而缩减,就必然会带来功能上的损失,所以,数码相机并不是越轻薄越好。像这款产品虽然不是很轻薄,但是功能齐全,质量过硬,用起来放心啊!你说呢?"(产品真的比较笨重,但顾客还是感兴趣)

例二 导购:"小姐,你说得对,这款电动咖啡机是比较笨重,不过它是专门为大型的办公场合设计的。像你这样的美女,应该挑选一款轻型、精美的才对。你看看这边这款吧,这款轻巧、精致,是集性能和稳定为一体的轻型机,肯定适合你。"(产品真的比较笨重,但顾客不感兴趣)

讨论时刻

请讨论：结合上述两则案例，讨论以上案例当中的对话是否合适，并将讨论的结果如实记录下来。

....
....
....
....

练一练：

1. 顾客提出产品笨重的原因有哪些？
2. 你如何说服顾客接受一款比较笨重的产品？

三、新产品性能稳定可靠吗

◇你放心，这是全卖场最稳定可靠的机子了！
◇应该稳定可靠吧！
◇这款产品刚上市，性能稳定不稳定不好说。

请分析以上招呼用语是否合适，并如实将分析结果记录下来。

错误之处：

....
....

正确用语：

....
....

【情景分析】

1）对于层出不穷的家电数码新产品，各种各样的新卖点让消费者听起来似懂非懂，挑起来真是"乱花渐欲迷人眼"。

2）家电数码新产品相对于老产品来说，优点是款式新颖、技术先进、功能强大一些；缺点是未经过市场验证，未必能被顾客接受，缺少信任与口碑效应。

3）顾客提出"新产品性能稳定可靠吗"的问题，就是对新产品心怀疑虑的体现。导购应站在顾客的角度去理解顾客的心情，认同顾客提出这类问题是可以理解的。

4）针对顾客的这种心理，导购需要用顾客认可、信服的证据，来证明新产品的性能稳定、质量可靠，如国家权威部门的检测报告、权威人士的研究、权威媒体的报道以及顾客的口碑等。

FAB 销售技巧：

◇含义：F 是指产品看得见、摸得着的属性；A 是指产品的作用，即属性带来的优点；B 是指产品的好处，即作用带来的好处。

◇用法：在进行产品解说时，首先说明产品的"特点"，再解释其"优点"，最后阐述产品能带给顾客的"利益"，这样才能循序渐进地引导顾客。

◇句式：因为……（特性F）……它可以起到……（作用A）……从而使您……（利益B）……

◇举例：因为这款产品采用了独创的双压板接线方式，所以导电更安全，能切实保障您及家人使用中的安全，这样就可以让您及家人用的更放心了。

实例介绍：

例一　导购："先生，我理解你的顾虑，很多顾客都会产生像你这样的疑问。不过我们品牌生产空调已经20多年了，累计申请的专利就有几千项，先后获得了几十项国际权威质量认证，这些成绩都是有目共睹的。我们每款产品的每一个零件都经过精心挑选，压缩机都采用原装进口品牌，每台空调都经过了严格的压力检测，使用寿命超过10年，否则就不会提供保修6年的服务承诺了。所以，这款新空调的性能绝对稳定可靠，你就尽管放心吧！"

例二　导购："先生，我明白你的担忧。对于成功人士来说，数码相机的性能稳定、成像清晰确实很重要！这款P品牌的数码相机虽然是新品，不过它沿用了S系列的一贯风格。你可能也知道，S系列一直都是凭借稳定的性能和强大的成像能力得到消费者一致认可的。另外，这款数码相机不仅成像质量好，性能稳定，而且防尘防生活用水侵入机身的安全保护更是一大亮点，十分适合像你这样的成功人士使用啊！"

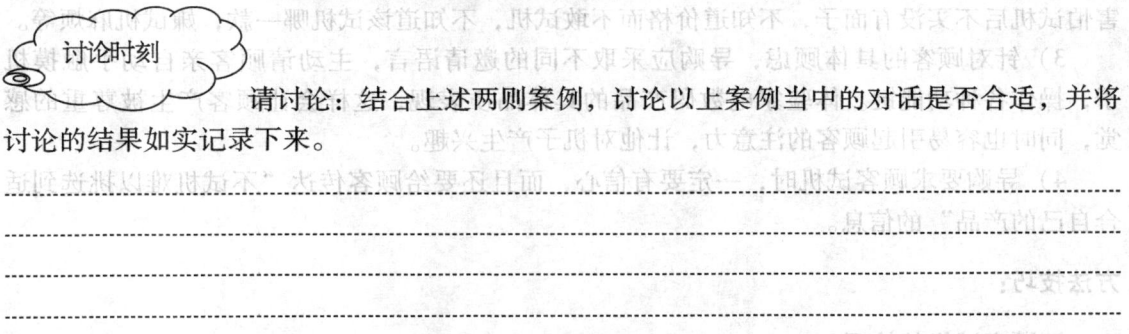

请讨论：结合上述两则案例，讨论以上案例当中的对话是否合适，并将讨论的结果如实记录下来。

_____
_____
_____
_____

练一练：

1. 顾客为什么会对新产品的性能有顾虑？
2. 请你列举三句说明家电产品或数码产品性能稳定的话语。

举一反三：请对以下情景进行分析和训练。

1. 你说的这款产品新在哪里？
2. 你介绍的新技术是咋回事？
3. 这款产品的主要卖点是什么？
4. 这么多功能其实很多都没有用。

情景四　引导顾客体验

顾客购买是享用产品时的美好感觉，他们最相信自己的体验感受。因此，激发顾客购买兴趣最有效的方式，就是引导顾客亲手触摸产品，操作各个功能键，从视觉、触觉、听觉等多方面刺激顾客的感官，让顾客真实体验、享受使用产品的感觉，这样能让顾客很快接受产品，并产生购买兴趣。下面将针对不同的销售情景进行分析，并模拟训练。

一、顾客不想试机

◇先生，喜欢这台机器的话，就试一下吧！
◇这是我们的新款，你不试一下怎么知道效果如何呢？
◇你就试一下吧，又不用你付钱！

请分析以上招呼用语是否合适，并如实将分析结果记录下来。

错误之处：

_____

_____

正确用语：

_____

_____

【情景分析】

1）顾客如果对某一款数码产品感兴趣，一般都会主动提出试机的要求。

2）如果顾客不愿意试机，那么顾客心里可能存在几种顾虑：害怕试机后一定要购买，害怕试机后不买没有面子，不知道价格而不敢试机，不知道该试机哪一款，嫌试机麻烦等。

3）针对顾客的具体顾虑，导购应采取不同的邀请语言，主动请顾客亲自动手触摸机子，操作各种功能键。体验家电数码产品的具体品质表现，这样会让顾客产生被尊重的感觉，同时也容易引起顾客的注意力，让他对机子产生兴趣。

4）导购要求顾客试机时，一定要有信心，而且还要给顾客传达"不试机难以挑选到适合自己的产品"的信息。

方法技巧：

请顾客试机的技巧：
◇判断顾客不想试机的具体原因，采用不同的话语应对。
◇提出试机邀请时要有信心。
◇让顾客了解试机的必要性。
◇建议顾客试机时不要轻易放弃，但提出建议不要超过三次。

实例介绍：

例一　导购："小姐，你真有眼光！这款MP4的外形设计非常潮流，白色作为主色调高雅清新，搭配动感时尚的红色边框，整体风格非常适合像你这样气质甜美的年轻女孩子。这是目前最流行、最受年轻女孩欢迎的款式！试一下吧，买不买没有关系，先体验一下再说嘛！"（针对害怕试机后一定要购买的顾客）

例二　导购："先生，你不亲自试一试，怎么知道音质如何呢？试机既可以让你体验这款音响的绝佳音质，又可以让你详细了解它的各种功能。如果你觉得不好，那你不买也不会感觉遗憾；如果你觉得很满意，那你买起来就更放心，你说是不是？"

  例三 **导购：**"先生，我知道你很忙，怕试机浪费了你的时间！但你既然已经专程来到我们的卖场挑选，就不会在乎再耽搁几分钟啦，况且你不试机怎么知道机子的质量如何呢？你先试试感觉，我再详细给你讲讲它的优点，你一定会感兴趣的！"

讨论时刻

  请讨论：结合上述三则案例，讨论以上案例当中的对话是否合适，并将讨论的结果如实记录下来。

____

练一练：

  1. 顾客不愿意试机的主要原因是什么？
  2. 你有哪些好的妙语能说服顾客试机？

二、顾客对产品挑三拣四，试来试去

  ◇先生，你究竟想买什么呢？
  ◇你看好了，再好好试吧？
  ◇你最好快点，我那边还有顾客呢！
  请分析以上招呼用语是否合适，并如实将分析结果记录下来。
  错误之处：

____

  正确用语：

____

【情景分析】

  1）由于对数码产品不熟悉，很多顾客在选购数码产品时都不得不"泡"在卖场，凭着"多看、多试、多问"来收集产品的信息，希望挑选到最适合、最满意的好产品。
  2）顾客对产品挑三拣四，说明顾客对产品感兴趣。
  3）顾客之所以随意地试来试去，可能有以下两个原因：一是顾客有心要购买，但还没有选定具体的款型；二是顾客不知道哪个产品更适合自己，所以要一一进行比较、体验。
  4）导购在接待顾客时，关键是要有耐心，要注意观察顾客的目光。如果对方一直盯着某款时，导购可先从这款开始介绍。
  5）如果顾客提出喜欢某一款，导购可先简单介绍，再推销高档机，若顾客还是喜欢前款，导购可作为重点销售。导购最好能让顾客主动提问，这样就可以了解顾客的心态。

方法技巧：
　　◇集中火力：引导顾客将候选款型集中到1~2款上，然后进行重点推介。
　　◇锁定目标：根据对顾客的观察，推测出顾客最喜欢的款型进行重点介绍。
　　◇询问需求：请顾客说出自己具体要求，然后再针对性地进行推介。

实例介绍：
　　例一　导购："大姐，你看中的这几款都不错，但如果每款都详细说明的话，我怕耽误你太多时间，不知道你比较喜欢哪一两个款呢？你告诉我，我好有针对性地给你进行介绍啊？"（将目标集中到1~2个款型上进行重点推介）
　　例二　导购："先生，在这几款产品中，我看你应该比较喜欢D款，对吧？这款的画质和音色确实都很不错（有针对性地进行推荐），你看的时候不但要注重电视转播或DVD播放的图像效果，还要注重声音的效果。你可以分别体验一下高、中、低等不同声音效果。来，我为你进行调试。"

讨论时刻
　　　　　　　　请讨论：结合上述两则案例，讨论以上案例当中的对话是否合适，并将讨论的结果如实记录下来。

_____
_____
_____
_____

练一练：
　　1. 顾客随意地试来试去是对产品不感兴趣吗。为什么？
　　2. 你如何接待随意地试来试去的顾客？
　　三、这两款产品看起来没什么区别
　　◇这两款产品是有区别的，只是你看不出来罢了！
　　◇表面看是没有区别，但里面有区别的啊！
　　◇谁说没有区别？区别可大啦！
　　请分析以上招呼用语是否合适，并如实将分析结果记录下来。
　　错误之处：
_____
_____
　　正确用语：
_____
_____

【情景分析】

　　1）当顾客看到两款外表相似但价格不一样的产品时，提出"这两款产品看起来没什么区别啊"是正常反应。导购应该抓住这个难得的向顾客展示专业知识的最佳时机。只要导购能够清楚明白地解答提出的这个问题，就能赢得顾客的信任。

　　2）导购要不断总结和提升自己的产品专业知识，对于顾客经常性提出的问题要准备好答案。

　　3）顾客总是相信自己的眼睛，因此导购要善于在实战中总结出产品卖点演示的技巧，通过感性的演示消除顾客对产品的疑虑。同时还可以让顾客亲身体会到：标价高的产品确实是真材实料、物超所值的！

方法技巧：

　　展示导购专业水平的技巧：
　　◇专业知识：熟知产品的制作工艺、工作原理等专业知识。
　　◇产品演示：利用"道具"为顾客进行专业的产品演示。
　　◇技术参数：详细对比两款产品具体技术参数。
　　◇细微差别：引导顾客体验和识别产品之间细微的差别。

实例介绍：

　　例一　导购："先生，你问得好！这款等离子电视跟那款液晶电视就像双胞胎一样，表面上看起来确实十分相像。两者的最大区别在于使用材料和工作原理不相同，严格来讲两者并没有什么可比性。从分辨率和清晰度的角度看，等离子电视要略逊液晶电视一筹，所以等离子电视比同等尺寸液晶电视便宜。由于两者自身特点不同，所以在客厅等比较大的地方可以选择等离子电视，而在卧室等比较小的地方可以选择比较小的液晶电视。先生，请问你准备买的电视是放在客厅还是卧室呢？"

　　例二　导购："小姐，这两款抽油烟机表面看起来的确很相像，但价格高的这一款的吸力比另一款强几倍呢！你炒菜时再多的油烟都会被瞬间吸走的，你看着我为你演示一遍就会明白了。我先取下灶具的炉头，再拿一张空白海报，然后将炉头放到纸中央，手在纸下托住炉头，将这款抽油烟机的油网摘下，并将风速调到3档，再用双手慢慢托起纸和炉头到集烟腔内位置。你看，这个重量约1.25kg的炉头马上被牢牢地吸住了！我想你炒菜的时候不会产生超过1.25kg的油烟吧？"

讨论时刻

　　请讨论：结合上述两则案例，讨论以上案例当中的对话是否合适，并将讨论的结果如实记录下来。

练一练：

1. 如何才能有效展示你的专业水平？你平时是如何做产品演示的？
2. 你如何回答这个问题才能让顾客信服？

四、这款液晶电视屏幕不够大

◇我看可以了，一般家庭都选这个尺寸的！
◇对不起，这是我们卖场最大的了！
◇嫌它不够大，你可以选更大的啊！

请分析以上招呼用语是否合适，并如实将分析结果记录下来。

错误之处：

_____

_____

正确用语：

_____

_____

_____

【情景分析】

1）液晶电视无辐射，具有超薄、超轻的特点，占地面积小，放置位置随意性强。液晶电视的机型尺寸涵盖广，可选机型相对丰富，从20in到65in都有供应，可以适合用户不同面积的居室需要。更重要的是，目前液晶电视在尺寸增加的同时，价格却一路下降，因此受到了广大消费者的热烈欢迎。

2）顾客对于应该选择多大的液晶电视屏幕才适合自己没有什么概念，很多顾客选购时喜欢与亲戚朋友的屏幕进行攀比，觉得选择更大的才更有面子。

3）导购应该给顾客灌输一些液晶屏幕选购的专业知识，从顾客的居室环境、消费预算、喜好习惯等方面进行分析，一步步引导顾客做出正确的选择，选购到真正适合顾客需要的液晶电视。

方法技巧：

回答顾客说液晶电视屏幕不够大的技巧：
◇用问题转移顾客的注意力。
◇给顾客灌输正确的选购不同大小屏幕的液晶电视的方法。
◇询问顾客摆放电视的房间面积及观看距离。
◇协助顾客选择最合适的液晶电视。

实例介绍：

例一　导购： "先生，请问你准备买的这台液晶电视想放在多大的房间里？"
顾客： "这有关系吗？"
导购： "当然有啦！确定有效的观赏距离是确定购买何种屏幕尺寸的液晶电视机最主要

的依据。如果液晶电视屏幕尺寸偏大，观赏的距离太近，我们不但观看不到理想的效果，而且长时间近距离观看对眼睛会产生严重的伤害。所以我才冒昧问你准备摆放在多大的房间里，具体的观看距离是几米啊！"

  顾客："哦，放在15m^{2}的卧室里观看，观看距离2m左右吧！"

  导购："那你选择32in的机器比较合适了，太大了浪费钱不说，对你的眼睛也没有好处啊！你认为呢？"

  例二 导购："小姐，你认为多大的液晶电视屏幕才适合你呢？"

  顾客："我不清楚，但37in的肯定小了！"

  导购："我明白你的意思了，其实液晶电视屏幕并不是越大越好，只有合适的观看距离配备合适尺寸的液晶电视，才能欣赏到最佳的画面效果。现在大家买液晶电视主要以观看有线电视、DVD影碟为主，如果观看距离不足3m，那选择32in的屏幕就足够了；观看距离3.5m左右，40in和42in是适合的尺寸；观看距离4m，则适合选择46in、47in；观看距离4.5m左右时，可选择52in的。你可以根据你家的观看距离来选择合适尺寸的液晶电视，请问你家的观看距离是几米呢？"

  顾客："4m左右。"

  导购："那就选46in或47in的吧！"

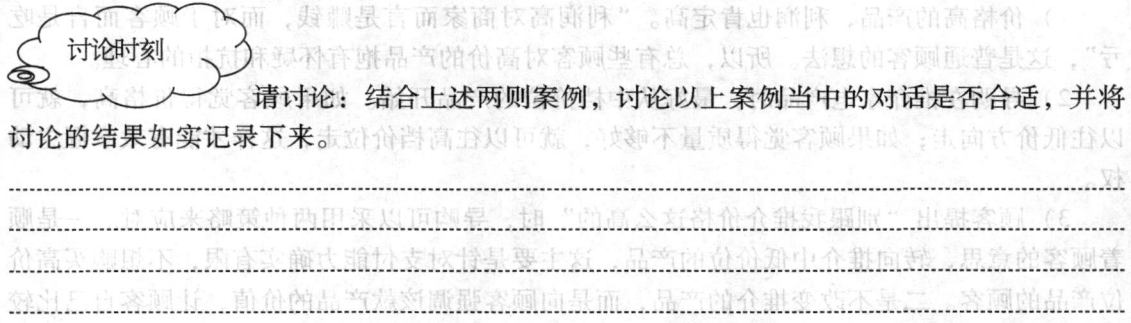

讨论时刻

  请讨论：结合上述两则案例，讨论以上案例当中的对话是否合适，并将讨论的结果如实记录下来。

_____

_____

_____

练一练：

  1. 顾客为什么会觉得液晶电视屏幕不够大？

  2. 你如何协助顾客选择到最适合的液晶电视？

举一反三： 请对以下情景进行分析和训练

  1. 这款噪声太大。

  2. 这款产品散热功能怎么样？

  3. 现在什么产品都标榜自己节能。

  4. 你们这些新概念都把我搞乱了，也不知道是真是假，有没有用。

  5. 这种小家电质量可靠吗？

  6. 你们品牌是做××的，生产××行吗？

情景五 应对顾客拒绝

  拒绝就像一头阻止成交的猛兽，在销售过程中随时都会窜出来吓唬人。胆小的导购会投降认输，而勇敢的导购则会分清顾客的拒绝是真心还是借口，然后运用恰当的处理方法与技巧，让顾客意识到产品的价值，化阻力为助力，轻松摘取成交的果实。下面将针对不同的销售情景进行分析，并模拟训练。

一、别跟我推介价格这么高的

◇这不算高，还有更高的呢！
◇便宜没好货，好货不便宜啊！
◇你觉得多少钱的不算价格高？

请分析以上招呼用语是否合适，并如实将分析结果记录下来。

错误之处：
_____
_____

正确用语：
_____
_____

【情景分析】

1）价格高的产品，利润也肯定高。"利润高对商家而言是赚钱，而对于顾客而言是吃亏"，这是普通顾客的想法。所以，总有些顾客对高价的产品抱有怀疑和抗拒的心理。

2）导购在推介家电产品时，最好从中档价位的产品开始。如果顾客觉得价格高，就可以往低价方向走；如果顾客觉得质量不够好，就可以往高档价位走，这样才能有效掌握主动权。

3）顾客提出"别跟我推介价格这么高的"时，导购可以采用两种策略来应对。一是顺着顾客的意思，转向推介中低价位的产品，这主要是针对支付能力确实有限，不想购买高价位产品的顾客。二是不改变推介的产品，而是向顾客强调该款产品的价值，让顾客自己比较衡量后作出选择。

方法技巧：

价格分解的技巧：

◇方法：用商品的数量或使用时间等概念为除数，以商品价格为被除数，得出一个数字很小的价格，是买主对本来不低的价格产生一种便宜、低廉的感觉。

◇举例：我们这款机子价格是×千元，它能使用10年多，就按使用10年计算，每年才花你×××元，平均每天只有×毛钱，这还不到吃一支冰棍的钱，但它可以给你带来多大的方便呀！这样算起来价格就不高啦！

实例介绍：

例一　导购："先生，我明白你的意思，不过家电产品属于耐用品，一般都要使用十年八年。质量好的产品虽然价格稍高一些，但质量稳定、功能齐全，用起来肯定比低价产品要安心和舒心。我看你的经济条件还不错，我个人建议你还是应该考虑选择一步到位的产品。"（针对消费潜力较好的顾客）

例二　导购："大姐，其实价格高不高要从总体上去考虑。你也知道空调是居民家中的'电老虎'，在家庭用电中占到35%左右。你买普通空调看起来价格是低一些，但买回去之后每年的电费可不是个小数目，而这款节能空调呢，虽然买的价格要比普通空调高，但买回家之后省电啊！你只要用上三年，省下来的电费也够差价了，之后使用七八年省下来的电费都可以再买两台空调了。你说对不对？这样一对比你就知道究竟哪款比较合算了。"（塑造和强调该款产品的价值）

例三　导购："好的，大叔！这款产品由于采用了最新的××技术，所以价格确实有点高，不过居家过日子也没必要追求太先进的技术，还是选择质量过硬、价格实惠的产品更实在。对吧？大叔，这边有一款老牌子、街坊口碑很好的，相信一定适合你。来，你这边请！"（针对没有消费潜力的顾客，转向推介低价位的产品）

讨论时刻

请讨论：结合上述三则案例，讨论以上案例当中的对话是否合适，并将讨论的结果如实记录下来。

_____
_____
_____

练一练：

1. 顾客嫌价格高应该采取什么应对策略？
2. 就你所销售的家电，请你运用价格分解技巧来回答顾客嫌价格高的问题。

二、我没必要买这么好的

◇好东西是人人都需要的，对吧？
◇这不算最好的，那边还有更好更高档的呢！
◇我们有一款正在打折的特价品，你要看看吗？

请分析以上招呼用语是否合适，并如实将分析结果记录下来。

错误之处：
_____
_____

正确用语：
_____
_____

【情景分析】

1）顾客选购家电一般都要比较一番，希望能挑选到质优价廉的产品，既然顾客觉得看中的产品"好"说明已经满足了"质优"的要求，但顾客又提出"没必要买这么好的"，说明顾客对看中的产品还存有其他想法。

2）顾客之所以提出没必要买这么好的，这是顾客讨价还价的一个借口，对于这种情况，导购应该顺着顾客的思路进行说明——这么好的产品才卖这个价格已经很实惠了，然后强调产品的优点及能够带给顾客的利益，让顾客强烈地意识到自己对产品的需求。

3）这是顾客的真实想法，顾客确实没有购买这么好的产品的预算，对此导购可以推荐价位稍低的适合对方的产品。

方法技巧：

构图讲解法：

◇应用：导购根据产品的特点，提炼出一个销售的主题，然后为这个主题构造一个情景，最后将主题与情景搭配，连缀成一个故事。

◇作用：为顾客构造出一幅幸福、美满的图画，激起顾客对这幅美丽图画的向往，从而使顾客接受你的介绍，并且购买你推介的产品。

◇句型：当你带上这个……产品，出现在……场合，你就会有……感觉。

实例介绍：

例一 导购："小姐，你以前在家中使用波轮洗衣机时一定会遇到这个问题——脱水后，洗衣机里的衣服总会紧紧缠绕在一起，很难分开，而且衣服容易磨损、变形等。你以前有这种烦恼吗？"

顾客："有，那怎么办？"

导购："所以你有必要买这款高档次的滚筒洗衣机。它拥有……技术，对你的衣物进行全方位的呵护，使你在任何时候都能用得省心、放心。"

顾客："可是优惠后还是要四千多块钱啊！"

导购："这款产品对你来说是绝对超值的。你想象一下，当你拥有了这款滚筒洗衣机，你家所有的衣物都能时刻保持光洁如新、柔软舒适的状态，你再也不要为自己的衣物洗了起皱或磨损而烦恼了，就算付出多一点也是值得的，对不对？"（构图讲解法）

例二 导购："大姐，你好好想像一下，如果你拥有了我们这款吸尘器，你的家轻轻松松就能一尘不染，而且最重要的是你就可以从繁杂的家务劳动中解脱出来，这样你就可以有更多的时间和精力关心你的丈夫，辅导你的孩子学习，和家人一同享受更多的生活乐趣！就算多花一点钱也是值得的，对不对？"（构图讲解法）

例三 导购："不好意思，这款产品性能好、配置高，但价格确实高了一些，如果只是日常在家里用的话，确实是有点浪费。不如到这边来，我为你介绍一款质量好、价格公道的产品，请吧！"（针对支付能力确实不够的顾客）

讨论时刻

请讨论：结合上述三则案例，讨论以上案例当中的对话是否合适，并将讨论的结果如实记录下来。

练一练：

1. 顾客提出没必要买这么好的产品使用，其心里有哪些想法？
2. 请你试运用"构图讲解法"说服顾客购买价格较高的产品。

三、我今天没有带这么多钱，下次再买吧

◇先生，你可以选择刷卡啊！
◇再不买可能会断货哦！
◇你是不是嫌价格高了呢？

请分析以上招呼用语是否合适，并如实将分析结果记录下来。

错误之处：
_____
_____
_____

正确用语：
_____
_____
_____

【情景分析】

　　1)"我今天没有带这么多钱，下次再买吧"这是顾客拒绝购买的一个委婉的借口，目的是避免出现双方尴尬的局面。

　　2) 有经验的导购都知道，没带这么多钱只是顾客推托购买的借口。以这种借口推辞的顾客，一般属于两种类型：一是有礼貌，能考虑到对方感受的人；二是优柔寡断，不愿给予明确答复的人。无论顾客的异议是真是假，导购都不应让顾客轻易离开。

　　3) 导购要克服顾客提出的这个借口，就必须找出障碍在哪里。如果是顾客真的没有带够钱，可以让店员跟顾客去取钱，或者请顾客留下定金，等补足余款再拿走产品。如果顾客只是以此为借口，导购可以通过询问顾客"你现在不买，是不是有什么特殊的原因"，想办法引导顾客说出真实的想法，然后再针对具体的问题进行解决。

方法技巧：

　　◇针对有意购买又真的没带钱的顾客，可以采用先开单，然后送货上门再让顾客付款；请顾客留下定金，付清余款再提货；请顾客的家人送钱到卖场，付款后再提货。
　　◇针对以没带钱为借口的顾客：真诚询问顾客有什么特殊的原因，然后针对具体的原因进行解答。

实例介绍：

　　例一　导购："先生，没关系！如果你确实对这款产品满意，我们可以先帮你办好开票手续，货到你家再付款。"（针对真的没带钱的顾客）

例二 导购:"小姐,没关系!你可以先留下 100 元作为定金,我们会把这件产品保留起来,保证你明天补足余额就可以拿走。"(针对真的没带钱的顾客)

顾客:"那多麻烦,干脆我明天再来吧。"

导购:"是这样的,因为我们的产品种类繁多,仓库里每件产品的数量有限,我不敢保证你明天来买时一定有存货。你要是留下了定金,就算有其他顾客要买也不会卖出去,这对你或我们都是一种保障,你说呢?"

例三 导购:"先生,你真会开玩笑!看在我为你介绍了半个小时的份上,你能不能告诉我今天不买的真实原因呢?"

顾客:"哦,你多虑了!我今天身上的现金确实只剩下几十块钱,而且也没带银行卡。"

导购:"原来是这样啊!可是这款产品非常抢手,你今天不买的话,我怕过几天不一定有现货,如果要调货又要浪费你的时间。要不这样,我先开好单,你让你家人送钱或者送银行卡过来,这样既不需要你跑一趟,又可以保证你明天可以用上新产品,你说好不好?"

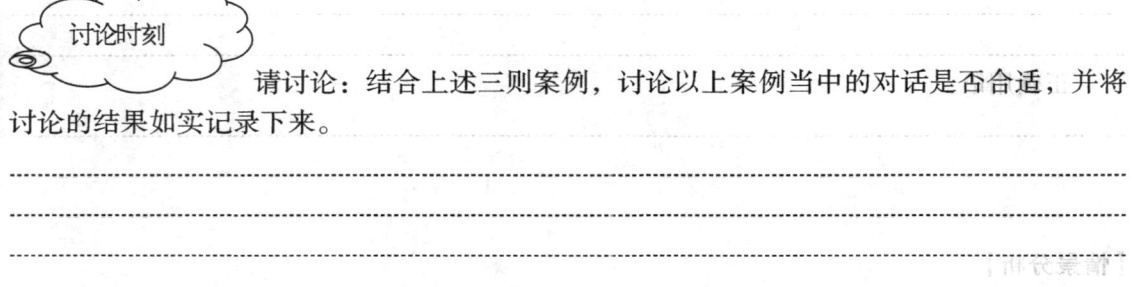

请讨论:结合上述三则案例,讨论以上案例当中的对话是否合适,并将讨论的结果如实记录下来。

_____
_____
_____

练一练:

1. 顾客为什么会提出"带的钱不够,下次再买"?
2. 顾客提出"带的钱不够,下次再买",你有哪些好的妙语应对?

举一反三:请对以下情景进行分析与训练

1. 我对国产品牌没兴趣。
2. 我觉得××品牌的比你们的好。
3. 听说你们的售后服务不好。

情景六 处理价格异议

讨价还价是顾客与导购之间永恒的博弈,价格异议是顾客购买前的最后一道心理防线。导购处理价格异议时要站在朋友的立场为顾客考虑,强调商品本身对顾客的价值和利益,从品牌、质量、售后服务等方面证明价格的合理性,并在紧要关头请求上级的协助,或者提供赠品补偿或象征性地降价,让顾客获得心理上的平衡而顺利成交。下面将针对不同的销售情景进行分析,并模拟训练。

一、这款产品是不错,但太贵了

◇便宜没好货,好货不便宜,一分钱一分货啊!

◇价格方面应该还可以商量,你认为多少钱不贵呢?

◇无论我们标价多少,顾客都会觉得贵啦!

请分析以上招呼用语是否合适,并如实将分析结果记录下来。

错误之处:
_____
_____
_____

正确用语:
_____
_____
_____

【情景分析】

　　1)抱怨产品价格贵,这是多数顾客选购家电时提出的异议。对于这类顾客,导购与其就价格进行反复讨论是最不明智的。

　　2)导购不能因为顾客说贵了,就惊慌失措或者生气,而应采取"先价值后价格"的策略,从多方面引导顾客认可"质量好所以价格高",让顾客充分认识到产品能给他带来的价值,他自然就不会再嫌贵了。

　　3)导购要把握住产品的品质、工艺与外观等方面的优点,同时采用比较法、拆分法等向顾客友好地解释产品物超所值的原因,设法让顾客理解产品的价值和认同由此带来的利益,让他们相信产品的价格与价值是相符的。

　　4)在要点列举的同时,导购可引用一些感性的数值,或者做一些辅助性的演示工作,加强销售话语的可信度。

方法技巧:

　　塑造产品物有所值的技巧:
　　◇确实有点儿贵,但它的款式设计、配置、功能……所以物有所值。
　　◇这款产品贵得有道理:一……二……三……
　　◇是有点儿贵,但只有这样好的产品才配得上像你这样成功人士的身份。
　　◇这款产品可以用*年,每年的成本还不到**元钱。

实例介绍:

　　例一　导购:"小姐,我们先别急着讨论价钱,先看看产品合不合适再说。如果产品不合适,那价格再便宜你也不会买,对吧?这款产品的配置是……,拥有……功能,它可以帮你节省……"(避开与顾客讨论价钱,而是引导顾客了解产品及其价值)

　　例二　导购:"先生,其实对于这么高档的一款对开门冰箱来说,这个价格并不算高,这款冰箱拥有超大容积,可以让你在快节奏的生活中享受"一日购物,七日无忧"的健康活动保障,而且细节上设置了很多个性化功能,例如……而且它豪华美观、功能先进,摆在客厅里就是一道亮丽的风景线,亲戚朋友来了看到多有面子啊!贵点也是值得的,你说对吧?"(让顾客充分认识到产品能给他带来的价值)

　　例三　导购:"这套家庭影院造型独特、音效震撼,质量可好啦!这套家庭影院最少可以用20年，就按20年来计算吧，每年的成本也就几百元钱，相对于你去电影院看几场电影的价格，你怎么会嫌贵呢？"（价格拆分，数字变小）

例四 导购："你说的对，这款产品确实有点儿贵，但以它的配置及性能来比较，它确实是物有所值的。因为它是名牌，款式又是最新的，功能也是最齐全的，像你这样的成功人士就该用这么贵的好产品。因为，只有这样才能彰显你与众不同的身份和地位啊！你说对不对？"（将重心转移到满足顾客的虚荣心上）

讨论时刻

请讨论：结合上述四则案例，讨论以上案例当中的对话是否合适，并将讨论的结果如实记录下来。

_____
_____
_____

练一练：
1. 顾客为什么老是抱怨产品太贵？
2. 对于老是抱怨价格贵的顾客，你有哪些应对方式？

二、你们的牌子不出名，价格还那么贵

◇不会啊，我们的价格不算高的！
◇我们的价格哪里高？比我们高的多了去啦！
◇我们也是中国名牌啊，可能你很少听说而已！

请分析以上招呼用语是否合适，并如实将分析结果记录下来。

错误之处：
_____
_____
_____

正确用语：
_____
_____
_____

【情景分析】

1）顾客提出你们的品牌不出名，这也许只是一个借口，也许是真的很少听说，但可以看出顾客对你的品牌和产品抱有疑虑。

2）顾客对于品牌知名度高且质量很好的数码产品愿意支付高价，对于品牌知名度低但质量很好的产品愿意支付中价，对于不知名且质量差的产品则拒绝购买。

3）当顾客以品牌知名度不高为理由挑剔价格时，导购首先可以用一个"垫子"认同和理解顾客的感受，肯定对方意见中非实质性的内容，缓和一下紧张的谈话氛围，消除顾客的对抗心理，然后列举你们的品牌重视产品质量的事实和必要性，表达自己不同的看法，把顾客的注意力转移到产品的质量上去，从而恢复顾客对你的品牌及产品的信任感。

方法技巧：

化解顾客以品牌知名度不高为由的价格异议：
◇认同顾客的说法，并解释品牌知名度不高的原因。
◇把说明的重点自然过渡到产品的质量上。
◇提供证明产品质量好的具体证据。
◇产品质量好，所以价格稍高也是可以接受的。

实例介绍：

例一　导购："是的，你的这个问题很有代表性！像我们这种专门生产数码产品的品牌确实很少在电视、报纸等媒体上做广告，这要怪我们公司只重视产品质量，把主要精力都用在了技术研发上，忽视了品牌的宣传推广。"（认同顾客，承担责任，再接着解释）

导购："不过，虽然我们没有美的、TCL等大品牌那么有名气，但在专业领域里，我们也是排在前三位的品牌。我们××年荣获中国名牌产品称号，我们生产的××获得国家免检产品称号（提供证明质量好的具体证据）。我知道要在众多的品牌中选出一件质量好又让自己满意的产品确实不容易，但很多顾客买了我们的产品以后，都会为我们介绍新顾客，这说明我们的产品质量是可靠的，是值得顾客信赖的。我们的产品质量好，使用的寿命长，价格稍高一些也是可以接受的，你说对吧？"

例二　导购："是的，正如你说的，我们的品牌知名度的确不是很高（先同意顾客的观点），那是因为我们没有在广告宣传上投入太多，我们大部分资金都用在产品研发、技术更新等方面，毕竟企业的知名度在于顾客对产品质量的认可，对技术的赞赏。现在我们产品的质量和技术都是走在行业的最前沿，到目前为止，我们荣获一系列的荣誉（最好提供荣誉证书等复印资料）……所以这么优质的产品比普通的价格高一些也是正常的，你说是不是？"

讨论时刻

请讨论：结合上述两则案例，讨论以上案例当中的对话是否合适，并将讨论的结果如实记录下来。

_____
_____
_____
_____

练一练：

1. 品牌知名度与产品价格有什么关系？你所在的品牌及产品价格处于哪个档次？
2. 请你解释品牌知名度不高但产品标价高的具体原因。

三、我一个打工的，哪买得起

◇先生，这个价格已经很低了！

◇对不起，我们这里不议价！
◇我们店里现在有一款特价机，你要看吗？
请分析以上招呼用语是否合适，并如实将分析结果记录下来。
错误之处：

_____

_____

正确用语：

_____

_____

【情景分析】

1）"买不起"是顾客想议价的信号，也是顾客对产品感兴趣、想购买的信号。所以当顾客提出自己"买不起"的时候，导购就要想办法摸清顾客的真实想法：是嫌产品的价格高，想讨价还价？还是目前钱不凑手，没法一次性支付？或是对产品还有其他疑问？

2）针对顾客的具体情况，导购可以采取不同的应对策略。如果是嫌产品价格高想降价，那就要根据顾客对价格的态度，灵活地做一些让步；如果是目前没有足够的钱支付，那么可以建议顾客采用分期付款的方式购买，把总款变成首付款和每个月的月供款，支付能力的问题就解决了。

3）如果是对产品有疑问，那就要通过询问之后作出具体解答。

方法技巧：

应对顾客"买不起"的技巧：
◇不要与顾客较真，当作开玩笑一笑置之即可。
◇如果顾客想议价，最好坚持价格不变，在赠品上灵活让步。
◇如果顾客支付能力不足，可建议顾客分期付款。
◇如果顾客对产品有疑问，可根据具体问题进行解答。

实例介绍：

例一 导购："先生，你真会开玩笑！准备选这种斜式滚筒洗衣机的都是有钱人哪！连你这样的精英人士都说买不起，那我们这些洗衣机都卖给谁呢？"（根据顾客的外表判断其经济状况，以调侃的语气调节气氛，引导顾客说出实情）

顾客："呵呵，这价格确实有点贵！"

导购："关于这一点，我想想看。价格肯定不能降的，因为结算中心已经在计算机上限制死了，标价是多少就是多少。不过如果你今天有心买，我可以专门为你向经理申请一台价值五百元的微波炉作为赠品，这样也算是给你价格上的一个补偿，你觉得怎么样？"（给顾客提供赠品作为心理补偿）

例二 导购："先生，你真幽默！现在除了做老板的，其他人都是打工的啦！我明白你很希望拥有这款52in的最新款液晶电视，只是觉得一次性支付有点心疼罢了！其实我们店可以为顾客提供多种付款方式,如果采用分期付款的话,你每月只需支付××元,轻轻松松就能达成你的心愿,你认为如何?"

例三 **导购:**"你放心,价格上我们肯定会尽量给你优惠,除了价格你还有没有不满意的地方呢?"

顾客:"我觉得白色比较普通,如果有红色就好了!"

导购:"好啊,红色的更有个性。这款产品是有红色的,只是大部分顾客都选择白色,所以我们只进了白色的。如果你下单交了定金的话,我们可以帮你从厂家调一台红色的过来,你现在就定下来吧?"

【讨论时刻】

请讨论:结合上述三则案例,讨论以上案例当中的对话是否合适,并将讨论的结果如实记录下来。

练一练:

1. 顾客说自己"买不起",其目的是什么?
2. 除了上面的技巧,你还有哪些好的策略来应对顾客的"买不起"?

举一反三:请对以下情景进行分析和训练。

1. 我是你们的老顾客了,还可以优惠多少?
2. 同样这款产品,××卖场比你们便宜。
3. 赠品没什么用,直接抵现金吧。

情景七 促成交易

促成顾客购买有两大最简单有效的法宝:一是给顾客痛苦,即顾客不购买产品会产生的痛苦;二是给顾客快乐,即顾客购买产品后能获得的快乐。当顾客的成交信号一出现,导购就要抓住成交时机,并运用促成的法宝,迅速解除顾客的购买障碍,让顾客充分相信产品能够带来的好处和利益,从而顺利成交。下面将针对不同的销售情景进行分析,并模拟训练。

一、顾客很喜欢,但其同伴觉得不太好

◇这是我们的最新款式,很多顾客都喜欢啊!
◇每个人都有不同的看法,最重要的是你自己喜欢就行啦!
◇你朋友的意见太片面啦!

请分析以上招呼用语是否合适,并如实将分析结果记录下来。

错误之处:

正确用语:

【情景分析】

1）顾客与同伴来选购产品，真正付款的买主只有一个，但同伴的意见却在很多程度上影响着买主的决定。因为顾客与同伴的利益立场是一致的，同伴的反对意见对顾客的购买决定有很大的杀伤力。

2）导购要从开始接待的时候就要重视顾客的同伴，用不断征询顾客同伴意见等方式拉拢顾客的同伴。

3）当顾客很喜欢某产品，而其同伴觉得不太好时，导购不要急着去攻击顾客的同伴或者寻找反对的理由，而是应该先称赞顾客同伴的细心与用心，然后虚心请教顾客同伴说出反对意见的具体理由是什么，并为顾客推荐合适的产品。

4）顾客同伴的一句话，比导购说 100 句还要管用。所以导购要热情有礼、多说好话、多请教指点，尽量拉拢的顾客同伴，争取顾客同伴的合作，让顾客的同伴协助你促成交易。

方法技巧：

让顾客的同伴为顾客推荐家电数码产品的技巧：
◇您认为这款产品在哪些方面存在不足？
◇您认为什么样的产品最适合您的朋友？
◇您认为这里的哪一款产品最适合您的朋友？
◇您觉得哪一款产品最适合您朋友的品味？

实例介绍：

例一　导购："先生，我看你这位朋友肯定是冰箱方面的行家！我们不妨先听听他的独到见解，等一下再讨论选哪一款也不迟啊！我想请问一下这位朋友，你觉得哪一款产品会更加适合你的朋友呢？我们都想听听你的专业意见。"

顾客："我觉得这款 K 品牌的冰箱在质量上更有保证，而且细节上做得更好一些。"

导购："先生，你真有眼光！K 品牌是专门生产冰箱的著名合资品牌，其技术上的优势我们暂且不提，但其在细节上为顾客着想的态度实在是值得国产冰箱学习的。比如说冷藏室每一层的搁板，K 品牌必定把搁板四周都围上边，这样即使汤水洒了，也不会流到下一层去。这虽然是小事，谈不上技术，也多花不了几个钱，可大多数的国产冰箱可能就会忽略这一点。先生，你朋友推介的这款冰箱确实口碑很好，你自己感觉如何呢？"

例二　导购："小姐，你的朋友说的也有道理。我们不妨听听她的专业意见。对于你刚才看中的这款产品，我想请教你朋友的具体看法。你认为它在哪些方面存在不足呢？我们可以多交流探讨，一起为你的朋友挑选一款合适的产品吧！"

讨论时刻

请讨论：结合上述两则案例，讨论以上案例当中的对话是否合适，并将讨论的结果如实记录下来。

练一练：
  1. 顾客与同伴意见不一时，导购应该从谁的身上找突破口？
  2. 你如何拉拢顾客的同伴？你如何让顾客的同伴为顾客推荐产品？
  二、我还想到其他卖场比较比较
  ◇不要比较啦，我们的产品最适合你了！
  ◇你觉得还有这个必要吗？我都给你最低价了！
  ◇你不买就不要浪费我那么多时间啦！
  请分析以上招呼用语是否合适，并如实将分析结果记录下来。
  错误之处：

  正确用语：

【情景分析】
  1）顾客选购家电产品尤其是高价位的家电数码产品，需要考虑很多方面的事情，需要"货比三家"之后才能做出正确的购买决定。
  2）对于提出"我还想到其他卖场比较一下"的顾客，导购要分清两种情况：一种情况是顾客确实还没有到别的卖场进行比较，需要时间去实地比较；另一种情况是顾客已经比较过很多卖场了，提出这个问题只是购买前讨价还价的借口。
  3）对于第一种情况，导购千万不要阻拦顾客去比价，因为如果和顾客闹僵了，顾客就算比较以后觉得你的产品好，但碍于面子也不会再回来购买了。所以导购要给顾客留下足够的考虑时间，导购不妨告诉顾客产品的最低价，让顾客比较后如果还是觉得我们的最合适，希望他能回来购买。
  4）对于第二种情况，导购应强调商品的优点，并暗示顾客现在是最佳购买时机，如果错过了将很可惜，以便让顾客了解事情的急迫性，并主动做出购买决定。

方法技巧：
  应对顾客要到其他卖场比较的技巧：
  ◇认同和理解顾客的想法。
  ◇区分顾客要到其他卖场比较是借口还是事实。

◇对于确定需要到其他卖场比较的顾客，要给他们留下足够的考虑时间。

◇对于想讨价还价的顾客，强调商品的优点、难得的促销机会、卖场的信誉等。

实例介绍：

例一 导购："小姐，你说的对！买家电产品就得多跑几个卖场，多看多比较才能找到质量好、性价比高的产品。不瞒你说，我们这款产品的最低价是×千元，你可以去比一比配置、附件、价格等，如果觉得我们的最合适，还希望你回来购买，到时候我肯定会给你一个惊喜！"（顾客确实还没有到别的地方进行比较）

例二 导购："大姐，你说的没错！买东西是得多比较，不过有时也常常会因为犹豫而错失了一些难得的购买机会。你也知道我们这款产品平常售价是4280元，而这两天做活动只要3580元就可以买到了，加上卖场在活动期间赠送的300元返卷，你可以享受到近1000元的优惠呢！再说我们每天只限量5套/店，现在已售出3套了。今天是活动的最后一天，明天就要恢复到原来的零售价了。你还是赶紧抓住这个难得的机会下单吧！"（强调促销机会难得，过了这个村就没这个店）

例三 导购："小姐，我明白你的想法，你多比较是没错的。不过我要告诉你的是，你看中的这款产品是目前的最新款式，最近卖得非常火，现在仓库里只剩两台了。而且咱们市只有我们家才有这款产品，要是你再转回来没货了就实在太可惜了。我还是现在帮你开单吧，好吗？"（强调商品的火爆，暗示现在不买就买不到了）

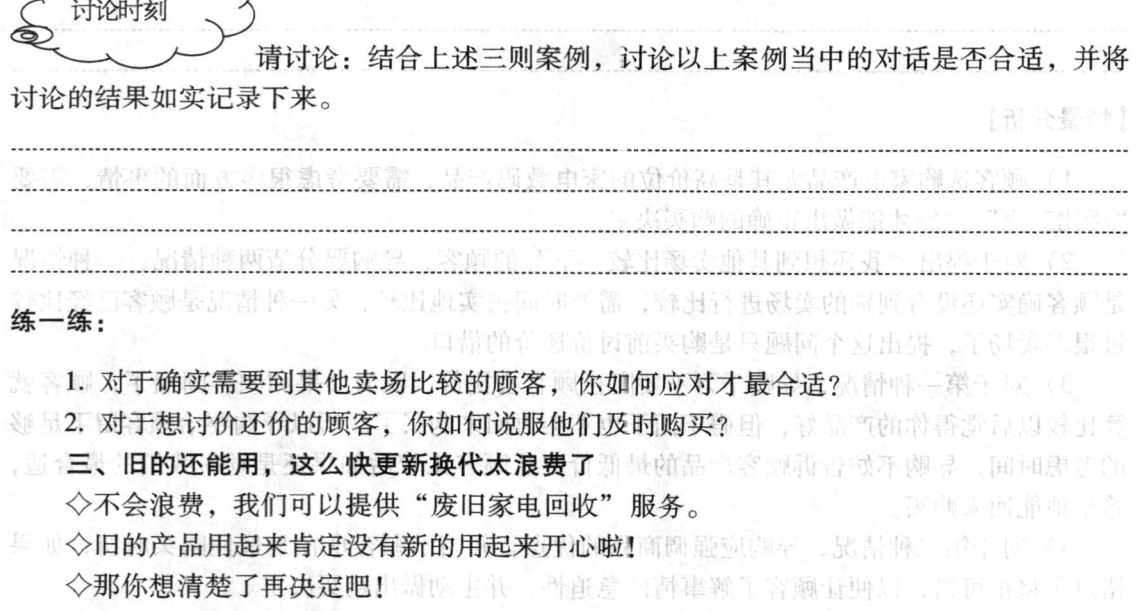

请讨论：结合上述三则案例，讨论以上案例当中的对话是否合适，并将讨论的结果如实记录下来。

练一练：

1. 对于确实需要到其他卖场比较的顾客，你如何应对才最合适？
2. 对于想讨价还价的顾客，你如何说服他们及时购买？

三、旧的还能用，这么快更新换代太浪费了

◇不会浪费，我们可以提供"废旧家电回收"服务。

◇旧的产品用起来肯定没有新的用起来开心啦！

◇那你想清楚了再决定吧！

请分析以上招呼用语是否合适，并如实将分析结果记录下来。

错误之处：

正确用语：

【情景分析】

1）随着人们生活水平和消费能力的不断提高，很多家庭都计划把家里用了十年八年的电器更新换代，换成流行新品。时尚的外形、新颖的功能、日新月异的新技术加上可以承受的价格，刺激着消费者的购买欲望，加速着家电产品的更新换代，我国已经到了家电产品更新换代的高峰期。

2）顾客选中了新的家电产品，但在准备购买之前犹豫不决，认为"旧的还能用，这么快更新换代太浪费了"。

3）顾客一方面觉得能用就淘汰太浪费，一方面又想得到拥有新产品的好处。针对顾客的这种心理，导购应该用"过去的痛苦＋未来的快乐"来说服顾客，首先列举旧家电的种种缺点和弊端，勾起顾客的痛苦；然后介绍新家电即将为顾客带来的种种好处和利益，再用"废旧家电回收"来解决顾客不想浪费的问题，最后自然而然地向顾客提出成交。

方法技巧：

说服顾客更新换代的理由：

◇过去的痛苦：老家电的耗电量大、维修费用大，实际的开支更大。超期服役的家电容易引发安全事故。

◇未来的快乐：新家电的外观好、款式新、功能多、科技含量高。新家电的价格便宜。

实例介绍：

例一 导购："大姐，旧的电视机是能用，但随着电器元件的老化，您的电视机就会发生图像不清晰、画面抖动等故障，产生的辐射也会增大。而且老化的电视机如果受到振动、骤冷、骤热以及电视机内积尘污垢过多或电线短路造成局部过热，还可能引起显像管炸裂。"

顾客："有这么严重吗？"

导购："这可不是我瞎说的，上周××卫视就报道过这样的事情，你可能没看到吧？其实呀，现在37in的液晶电视也就3000多元，比你原来的屏幕更大、画质更好、功能更多，给您一家人带来更美妙的视听体验，就是摆在家里看着大家都更开心啦，对不对？何况价格这么便宜，您又不是承担不起，现在就带一台走吧？"

例二 导购："先生，我明白您的想法！艰苦朴素的确是我们中国人的传统美德。家里的大家电老是"新三年，旧三年，修修补补又三年"，如果还能用，就将就着用。但您也知道家电使用的年限过长，就会出现一系列质量和安全问题，比如漏电、效率低下、耗能多等，对吧？"

顾客："嗯。"

导购："现在的年代不同啦，家电的款式、做工、用料、功能、科技含量等都比以前的产品有了很大的进步，而且价格便宜，基本上一两个月的工资就能买到了。而您家的旧电器也可以拨打我们的"废旧家电回收"电话,浪费不了的。现在过日子啊,也要讲究品质,价格这么低,就换台新机子吧!我给您开单了?"

讨论时刻

请讨论:结合上述两则案例,讨论以上案例当中的对话是否合适,并将讨论的结果如实记录下来。

_____

_____

_____

练一练:

1. 使用旧家电有哪些弊端?
2. 如何说服顾客进行更新换代,购买新产品?

举一反三: 请对以下情景进行分析和训练。

1. 我的预算不够,迟些日子再说吧。
2. 两款都不错,选哪一款好呢?
3. 我自己决定不了,要与家人商量后再决定。
4. 不急,我想再考虑一下。

项目二　电子产品售后服务

售后服务是企业对客户在购买产品后提供的多种形式的服务的总称。其目的是为了提高客户满意度，建立客户忠诚。其内容包括货物运送、安装调试、维修保养、提供零配件、业务咨询、人员培养以及调换退赔等。

一、售后服务的作用

1. 提高产品质量的保证

售后服务工作是质量管理在使用过程的延续，是实现商品使用价值的重要保证。现在，消费者十分强调产品质量问题，而产品质量只有在使用过程中才能完全地表现出来。由于生产、运输、安装及使用中的种种原因，售出产品的使用价值可能受到损坏，而售后服务作为一种补救措施，可以保证产品的使用价值，为消费者排除后顾之忧。同时，在售后服务中，可以把顾客对产品的意见和要求及时反馈到企业，促使企业不断提高产品质量，更好地满足客户的需求。

1) 更好地满足消费者的需求。
2) 根据国家有关政策法规，消费者具有了解商品和服务的权利、选择的权利、求得商品和服务安全卫生的权利、监督价格和质量的权利、对商品服务提出意见的权利、受损时要求索赔的权利。

2. 有助于建立忠实的客户群

客户是企业的安身立命之本，没有固定的客户群就很难在竞争中立足。每一个客户都有自己的社交圈，在这个社交圈里，他既受别人的影响，又对别人施加影响。对产品质量和售后服务满意的客户，不仅自己会成为回头客，而且还会成为企业的宣传员和广告员，带动一大批客户上门来。而不满意的客户则不仅自己不再上门，而且会向自己的亲朋好友散发不满情绪，使企业失去一大批潜在的客户。此外，这对企业在名誉上的损失、对企业员工士气的打击以及对企业未来发展的影响更难以估量。

3. 塑造企业形象，提高市场竞争能力

良好的企业形象和信誉是企业的无形资产。企业要有良好的形象和信誉，除了能为顾客提供优质产品外，周到的售后服务也是必不可少的。任何产品都不可能十全十美，毫无缺陷，总还有某些不足，给顾客在使用中可能造成这样或那样的麻烦。如果企业能够有良好的售后服务工作，及时解除顾客的麻烦，弥补这些缺陷和不足，使顾客买时称心，用时放心，那就能得到客户的信赖和青睐，从而极大地提升企业的市场竞争力。

4. 促进企业不断开拓创新

客户在长期的、连续不断的产品使用过程中，积累了丰富的经验，他们不仅会提出很多对产品改进的设想，有的还会自己动手进行改进。通过售后服务，广泛收集客户的这些设想和改进创意，再在此基础上进行设计，就可以研制开发出使顾客更加满意的新产品来。

二、售后服务的主要内容

企业售后服务的主要内容包括以下几个方面：

1. 向客户提供包装和运输

产品包装是售后服务中不可缺少的项目，其形式多种多样，有单独产品包装、组合产品包装、散装产品的小包装、礼品包装等。对于购买大件的产品，或者一次购买量比较大以及有着特殊困难的客户，还存在运输和送货的问题，企业帮其把大件产品直接送货上门也是一项重要服务。对于工业品而言，包装和运输也是必不可少的一项售后服务。

2. 向客户提供质量保障

主要是指企业提供"三包"服务，所谓"三包"，是指保修、包换和包退。

（1）保修　保修指企业对顾客购买的本企业产品，在保修期内实行免费维修。超过保修期限的，则收取一定的维修费用进行维修。

（2）包换　包换是指顾客购买了不合适的产品可以调换。

（3）包退　包退是指顾客购买产品后，在有限日期内又觉得不需要，或是产品出现严重质量问题时，能保证退货。

3. 向客户提供技术服务

向客户提供技术服务包括向客户提供技术资料、对客户进行技术指导或培训，以及现场解决技术问题等。

（1）提供技术资料　在售后服务中，有时为解决客户的技术问题，服务人员有必要提供一些技术数据、产品性能、检测标准等技术资料给客户。

（2）技术培训　技术培训是企业为使客户熟悉产品性能、正确操作及维护，使产品可靠运行而对用户进行的技术、业务训练。

（3）提供知识性指导和技术咨询服务　客户购回产品，在使用中，可能会遇到这样或那样的问题，所以卖方应负责解答、提供咨询和进行技术指导。

4. 向客户提供产品支持

这方面包括产品安装服务、零配件的配套供应等。

（1）安装服务　客户购买的产品，有的须在使用之前进行正确安装，这就需要派人上门服务，帮助客户安装、调试。

（2）零配件的配套供应　无论是新产品还是老产品，各个零配件的使用寿命不可能均等，特别是一些易损件的更换相当频繁，这就要求生产企业做好产品的配件供应。

5. 建立客户反馈系统

通过客户跟踪、客户调查等方式，建立良好的客户关系，随时掌握客户动态，为新一轮生产和销售提供建议，同时也可以及时为客户解决实际问题，减少客户在购买后的抱怨，提高客户服务水平。

三、售后服务的方式

1. 固定技术服务与流动巡回服务

按照服务机构是否定点，售后服务的方式可分为固定技术服务与流动巡回服务。

（1）固定技术服务　固定技术服务的对象多是大批量生产的产品，生产企业根据产品的市场结构和分布状况，按区域设立技术服务网点进行服务。

（2）流动巡回服务　流动巡回服务是由生产企业的销售技术服务部门的技术服务人员，根据售货登记记录，定期检修本厂产品，或根据用户电话要求，在较短时间内，技术服务人员携带工具、材料、配件等到达现场进行服务工作。

2. 有偿服务与无偿服务

按照服务是否收费，可分为有偿服务与无偿服务。无论固定技术服务还是流动巡回服务，都有免费与收费两种情况。

一般是根据合同或保证单规定，保修期内因质量问题而进行的修理服务是无偿的服务；在保修期外，或虽在保修期内但因事故造成损坏而进行的售后服务，都应是有偿服务。

3. 面对面的服务与在线服务

根据售后服务提供的联系手段的不同，可将售后服务划分为两种类型：传统的面对面的服务方式以及在线服务方式。

（1）面对面的服务　传统方式的售后服务主要是提供面对面的服务，这种服务被认为是"高接触，低技术"的，即消费者只需与服务提供方派来的代表接触、交流即可，而不必具备相关方面的技能，也无须自己亲自动手。

（2）在线服务　在线服务越来越多地被许多企业采用，因为网络日益普及，通过网络完成一些无需直接见面的服务活动已成为一种趋势。另外，通过拨打免费电话也可以提供服务，即电话服务，这属于在线服务的另一种具体形式。

项目目标：

1. 完成售后服务的前台接待工作。
2. 完成电子产品的安装和调试。
3. 完成电子产品的维修和保养。

项目要求：

1. 会熟练使用售后服务管理软件。
2. 能按照岗位职责和规范进行前台接待。
3. 掌握各类电子产品的安装要求。
4. 掌握各类电子产品的使用。
5. 掌握各类电子产品常见故障的分析和排除。

工作任务：

1. 前台接待。
2. 安装调试。
3. 维修保养。

任务一　前　台　接　待

前台接待工作，是"公司的形象、服务的起点"。对客户来说，前台是他们接触公司的第一步，是对公司的第一印象，所以前台在一定程度上代表了公司的形象。同时，公司对客户的服务，从前台迎客开始，好的开始是成功的一半。有了对其重要性的认识，让我们进一步学习如何做好前台接待工作。

【任务设计】

某某维修公司新开张，请你根据售后服务公司的操作流程完成前台接待的一系列工作操作。

【任务要求】

1. 按照服务规范进行着装。
2. 按规范使用服务用语。
3. 熟练掌握售后服务管理软件的使用。
4. 熟练掌握各项维修数据的统计方法。
5. 会制订收费标准。
6. 会制订维修合同和投标书。
7. 会撰写工作总结。

【任务实施】

子任务一　使用售后服务管理软件

计算机管理化是各行各业的发展趋势，是专业工作的体现。同时也是提升服务档次，打造更好服务形象，有利于增强用户的认同感、信任感、权威性。使用售后服务管理软件可以提高工作效率，让你把更多的时间放在最有价值的工作任务上面。

★做一做：

请你根据售后服务公司的操作流程使用《维修业务通》2.0 版软件进行维修业务处理，包括维修登记、确认报价、检测报价、修品质检、结算收费、审核关闭、业务回访等。其中，确认报价、修品质检和业务回访是可选阶段，可以在系统设置里面做相关设置。

1. 实训目的

通过学习售后服务管理软件的使用，熟悉管理软件的功能，能利用管理软件进行业务处理。

2. 所需设备及资料

计算机、网络、售后服务管理软件等。

3. 实训步骤

1）了解售后服务管理软件的功能。
2）操作管理软件进行接单业务处理。
3）操作管理软件进行各类数据统计。
4）根据统计数据撰写工作总结。

4. 实训报告

把实训过程的心得体会及遇到的问题记录下来，并与小组成员讨论。

学一学：

一、售后服务管理软件的了解

（一）登伦维修管理软件

登伦维修管理软件是一套集产品销售、安装和维修于一体的主要针对售后服务企业的专业性行业管理软件，既可适合销售部门也可适合服务部门，采用一体化的管理方式。软件界面美观大方，操作简洁方便，可以大大提高工作、管理效率和企业的服务水平，提升企业的形象档次。

1. 主要模块功能

1）系统管理：操作员管理、角色管理，主要对系统使用人员及其相应权限进行控制。

2）基础数据：规范数据管理、商品信息管理、往来信息管理、用户信息管理。

3）业务处理：配送管理、安装管理、维修管理、库存管理。

4）领导查询：配送信息查询统计、安装信息查询统计、维修信息查询统计，提供市场决策分析数据支持。

5）排名表：

销售排名表：可按每种商品销售的数量、金额等多种信息进行排名。

安装排名表：可按服务人员服务次数进行排名，并可查询安装的详细信息，为计算工资提供数据支持。

维修排名表：可按服务人员服务次数进行排名，并可查询维修的详细信息，为计算工资提供数据支持。

6）报表打印：配送申请单（1~5联打印）、维修派工单（1~5联打印）、列表信息导出到 Excel 电子表格。

2. 系统特点

1）界面清晰直观，操作简便，一目了然，使用方便。

2）系统具有完善的安全性设计，能设置多级权限控制体系，可自定义使用权限及密码。

3）所有报表均可直接导入到 Excel 表中，符合国际标准。

4）独特的区域地址派工处理，大大提高售后服务部的工作效率。

5）登伦软件独创的组合查询/分析技术，功能强大，不漏过任何一条信息。

6）每个服务人员均可凭自己的编号及密码进入系统，但根据其工作性质而操作权限不同，可用菜单也不相同，保证了系统的安全性和保密性。

7）帮助您全面管理售后服务信息，让您的服务更好、更快、更专业。

8）软件突出操作的简便性、功能的实用性，不用培训也能快速上手。

9）科学的管理方法会给您带来无限的效益。

http://www.denlontech.com

（二）好搭档家电维修管理软件2.0网络版

1. 软件简介

好搭档家电维修管理软件是一套通用性、实用性极强的家电维修管理软件，可广泛应用于各类家电维修部门。主要功能包括维修管理（电器维修管理、更换配件清单、回访返修记录、投诉记录）、基础信息（电器类别维护、配件类别维护、配件登记维护、维护员登记信息）以及仓库盘点功能，并且本软件还提供了权限管理、数据备份及数据恢复等系统维护功能。这些详细而全面的功能使用户把繁琐而杂乱的仓库管理变的简单而明了。

本软件是以电器维修管理为中心的场景管理模式,支持修理配件的管理登记、电器类别的登记、维修人员的登记、配件类别的登记,支持维修记录的故障登记、修理人员的出工情况以及修理情况、配件的使用情况,使管理人员可以一目了然地明白某处维修记录的出单情况;支持电器维修单和家电维修详情的报表输出,让您的家电维修管理简单而明了。

软件操作简单方便,功能设置完备,可适合各种用户类型的操作习惯。本软件给用户提供多版本选择,可单机使用,也可联网使用。操作员权责明确,分配灵活,充分体现自由协同办公原则,对加强仓库业务管理具有良好的辅助作用。软件数据库具有多层加密机制,可防止内部人员非法后台篡改数据。软件提供了多种报表,可清晰地反映当前系统中的数据,同时支持将软件中数据转换为 Excel 数据格式。

网络版适合在单位内部局域网上运行,除具有单机版的全部功能外,实现了数据文件共享功能,并具远程和本地登录选择。远程登录时,各个工作站上的不同用户可以同时对服务器上的同一个数据库文件进行各种不同的数据处理;本地登录时,则可在本地计算机上管理各种只属于自己的数据资料。完全的网络化操作,各个客户端的数据保存即可通过网络传递到服务器,相关人员可以随时看到更新的数据,极大地提高了信息传递的速度,使得企业的管理效率更上一层楼。

2. 使用说明

1)首次登录时,操作员为 admin,密码为空。
2)超级管理员的初始密码为空,您可以在"系统管理"菜单的"修改密码"中修改。

http://www.onlinedown.net/soft/72951.htm

(三)维修业务通 2.0 版

该软件是为维修业务管理而设计的,广泛适用于电子电器、计算机及其外设、汽车、摩托车、手机、船艇等企业的维修和售后服务管理中。软件以维修业务为主线,集成了强大的产品销售、安装、零备件库存管理、客户关系管理、员工考勤、薪资管理、维修维护合同管理、客户回访、帐款管理、周转机管理、办公用品借用管理、客户投诉跟踪、维修知识库、短消息等功能。

软件具有强大的可定制、可伸缩性,用户可以根据自己的企业需要做相关设置以满足自己的个性需求。管理员还可以通过一百多个权限控制对每个用户分配不同的权限。设计的"技术员"视图,可以限制技术员只能查询、操作自己的业务。网络版以 SQL Server 2000 为后台数据库,对于业务数据量大、稳定性要求高、操作终端多的用户尤其适合。

该软件支持对业务资料的模糊查询、组合查询、汉字首拼音字母查询,支持条码管理,支持用户对关键报表(如派工单)的自定义修改、支持来电捕捉、智能多重备份。

http://www.differsoft.com/

二、维修业务通 2.0 版的使用

1. 维修单业务处理

第 1 步:接修登记

打开维修管理软件，单击功能导航内的"维修业务"即可看到子目录里面的"维修登记"，单击"维修登记"即可看到图2-1所示的画面。

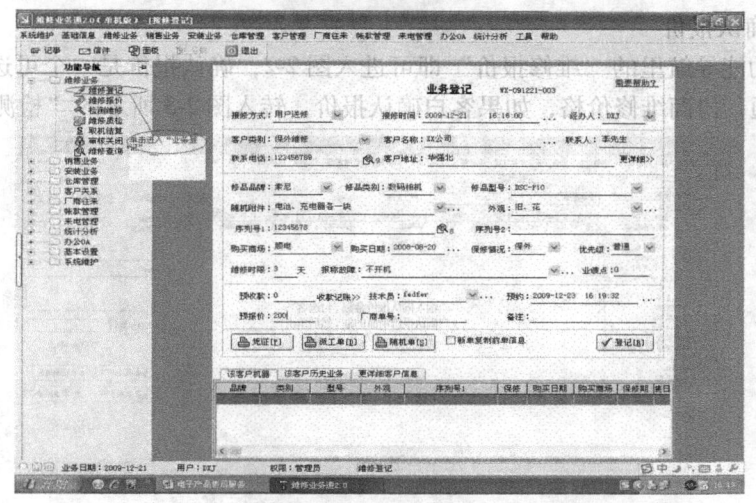

图 2-1　接修登记显示屏

维修登记是维修业务的第一步，包括填写客户信息、修品信息、其他信息。客户信息支持老客户的自动识别，在"客户名称"或者"联系电话"中输入客户的相关信息，回车后如果是老客户会提示确认。对于老客户，在登记界面下方会弹出该客户的历史维修记录、详细信息以及维修过或者签订了维修合同的机器，双击某条机器信息记录，会自动填写相关的修品信息。在任意客户信息输入框（客户类别、客户名称、联系电话等，按 F1 键，可以调出客户选择窗口，您可以选择当前维修客户。您也可以单击"客户名称"输入框右边的"…"按钮选择客户。

客户选择窗口支持各种方式的模糊查询，支持首拼音字母的查询。例如要查找客户名称中有"深圳"的客户，直接输入"SZ"即可做相关查询。

要填写的修品信息包括：品牌、类别、型号、附件等。其中如果没有特别设置，型号为必须填写项。为了提供录入效率，可以预先在基础信息设置中设置常用的品牌、类别、修品信息。如果基础信息中没有您录入的内容，系统会提示是否把该内容加入基础信息。

"保修情况"为必须填写项，有保内、保外、合同三种情况。对于保内和合同维修的收费情况可以在系统设置和合同修品中做相关设置。

优先级指的是维修业务的紧急程度，分为普通、紧急、缓慢三种。对于紧急维修，在检测报价中会以红色显示。

业绩点是针对技术员提成计算的，可以在修品类别设置不同类别的修品对应的业绩点，如果您在技术员提成设置公式中包含了"业绩点"，将在提成中体现。

勾选了"预约服务"，后面的"预约时间"将生效。对于预约服务，在欢迎界面将提前一天提示。

维修时限可以根据不同类别的修品分别设置，如果没有设置将按照"系统设置"里面的"默认维修时限"处理，如果技术员提成公式里面包含了"维修超期"，超期维修将产生负激励。超期维修将在欢迎界面提示。

维修登记可以打印"维修凭证"和"派工单",这两张单据都允许调整格式。

第2步：确认报价

单击左面功能导航里的"维修报价"即可进入图2-2,确认报价是一个可选环节。确认报价将和客户沟通,协商维修价格,如果客户确认报价,转入图2-3所示的"检测维修"处理。

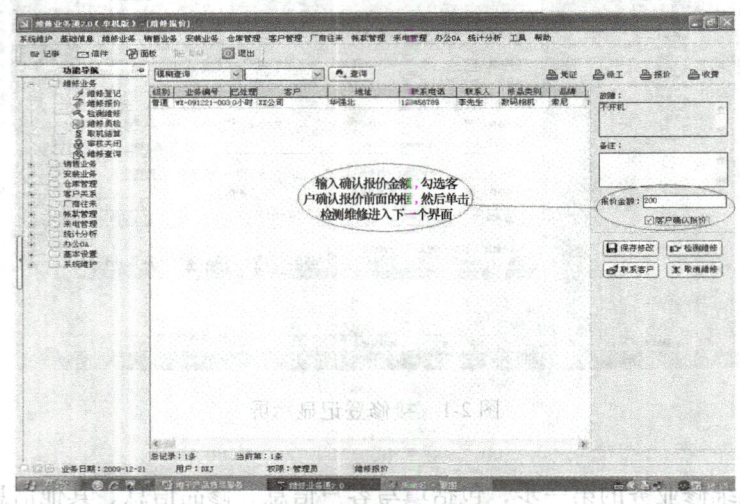

图2-2 报价确认显示屏

第3步：检测维修

单击左面功能导航里的"检测维修"即可进入图2-3。检测维修过程中,您可以登记维修需要的备件、维修项目、附加费用以及费用说明、维修说明等。对于在检测过程中发现登记的时候保修情况有误,也可做修改。检测维修完成后就可以转入结算收费中处理。

对于需要送到其他厂商维修的情况,可以单击"返厂送修",进入送修流程处理。也可以"取消维修"。

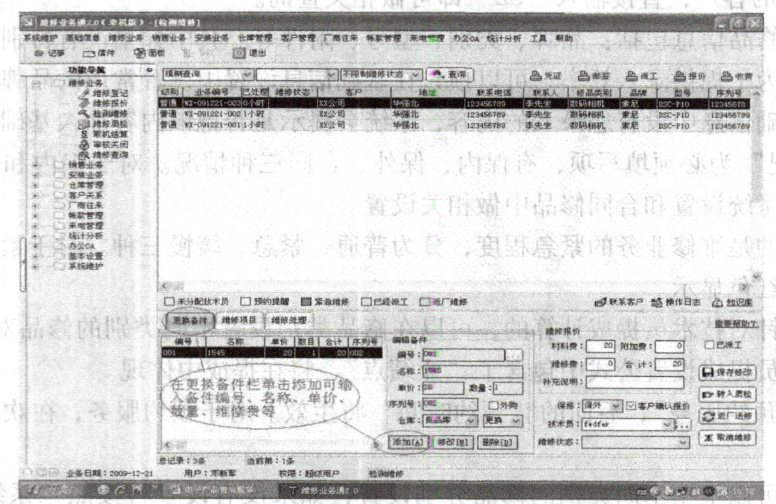

图2-3 更换备件添加显示屏

添加备件过程中，如果备件库存不足或者不存在，会自动做缺件登记，相应备件的库存中，将增加"缺件数目"。当该备件入库时，将抵冲库存记录中的"缺件数目"。对于"外购"或者"虚购"这种备件不需要经过库存的情况，可以在添加备件的时候选择"外购"。这种情况，会让您填写成本，以便核算。

第 4 步：维修质检

检测维修处理完成后单击"转入质检"，进入图 2-4 所示的界面，也可以在功能导航栏单击"维修质检"直接进入。质检时管理员可以对机器的修复程度、备件的使用以及收费是否合理等进行把关。如果发现有不符合要求的可以单击"驳回维修"，使维修单重新回到检测维修状态。没有问题的维修单单击"取机结算"。

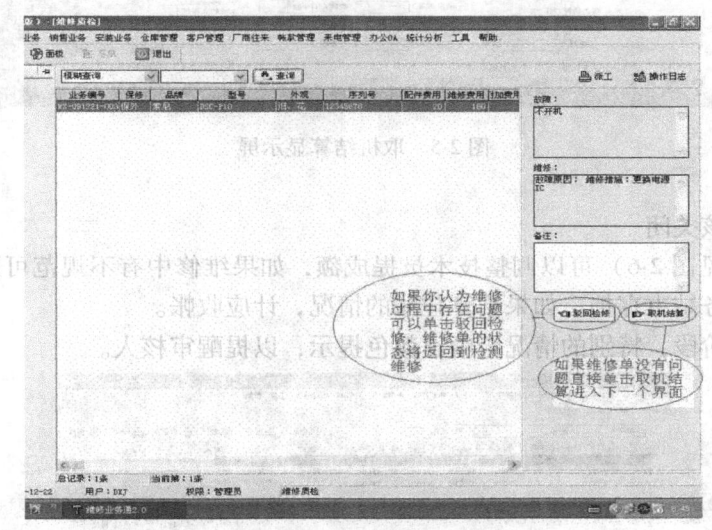

图 2-4　维修质检显示屏

第 5 步：取机结算

结算收费中的费用项目包括维修费、材料费、附加费。根据不同的客户类别可以给予不同的折扣，折扣相关信息需要在"客户分类"中设置。

在取机结算中还可列出多种单据，包括发货单、货运单、邮签等。如图 2-5 所示发货单可以打印当前业务，也可以打印某个客户当前要发货的所有修品。货运单支持 9 种常见的货运单格式，例如 EMS、邮局包裹、中通快递等。也可以自定义货运单格式（工具—货运单设计）。

对于客户挂账的情况，选择"结算金额"后面的"挂账"。审核后，挂账金额将计入应收款。如果当前挂账客户存在历史欠款，欠款将累计。考虑到不同类别的客户的情况不一样，可以在客户类别中设置"欠款额度"。

除了对客户的结算外，取机结算中还可以对厂商结算金额进行确认、调整。对厂商的结算金额是通过维修产品匹配厂商，通过维修项目计算结算金额。

处理完"取机结算"后，将产生技术员的业绩提成、计日常收支帐（需要审核生效）。完成取机结算，转入审核关闭。

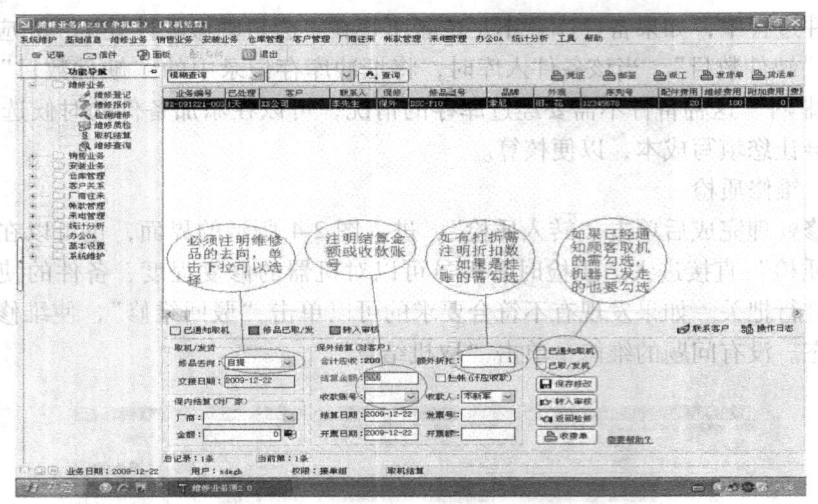

图 2-5 取机结算显示屏

第 6 步：审核关闭

审核关闭（见图 2-6）可以调整技术员提成额，如果维修中有不规范可以驳回业务。审核通过后，该业务结束存档。如果结算挂账的情况，计应收帐。

在审核关闭阶段，特别的情况会给出颜色提示，以提醒审核人。

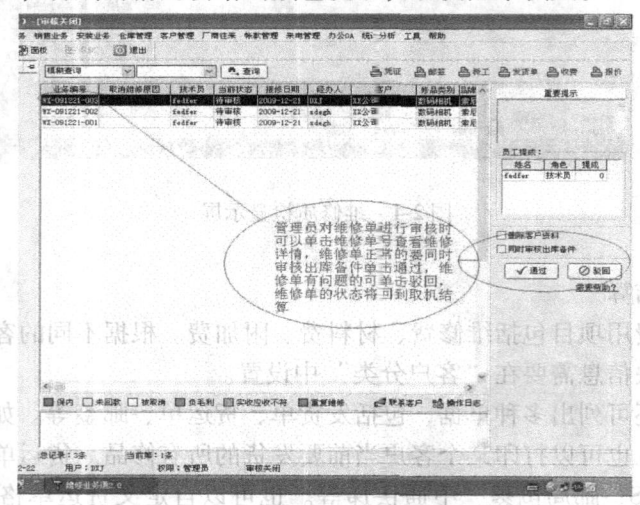

图 2-6 维修单审核显示屏

第 7 步：业务回访

维修业务完成后，根据设置会生成回访单，生成的回访单会出现在"待回访列表"中，相关设置可以在"系统设置"中进行。如果在业务回访中设置了"过期取消"，那么在规定时间范围内，没有完成的回访会自动取消。回访结束后，该回访记录被写入历史回访中。回访结果还可以影响对应业务的技术人员的提成，可以在"系统设置"中设置。操作界面如图 2-7 所示。

项目二　电子产品售后服务

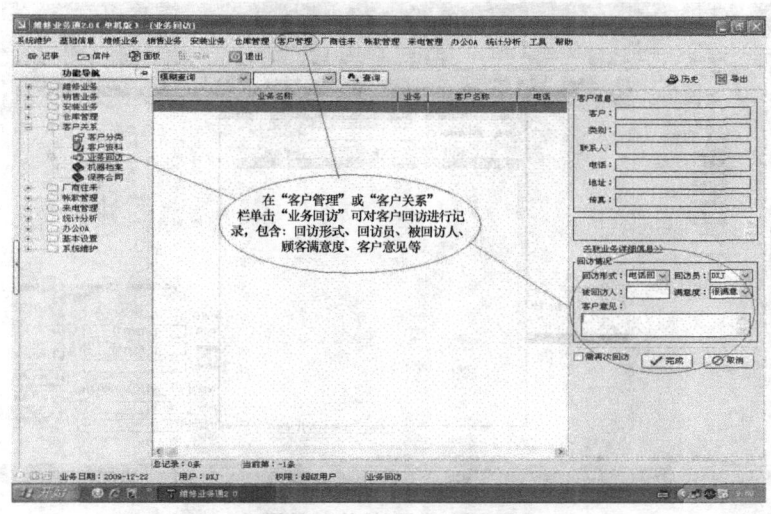

图 2-7　客户回访显示屏

第 8 步：返修业务

对于维修不当造成的二次或多次返修，如图 2-8 所示可以在业务查询中做返修处理。打开业务查询，找到该维修品的历史维修记录，单击"返修处理"，弹出一个类似业务登记的窗口，和维修登记不同的是，在里面可以填写技术员扣款，该扣款将影响技术员的当月薪资。

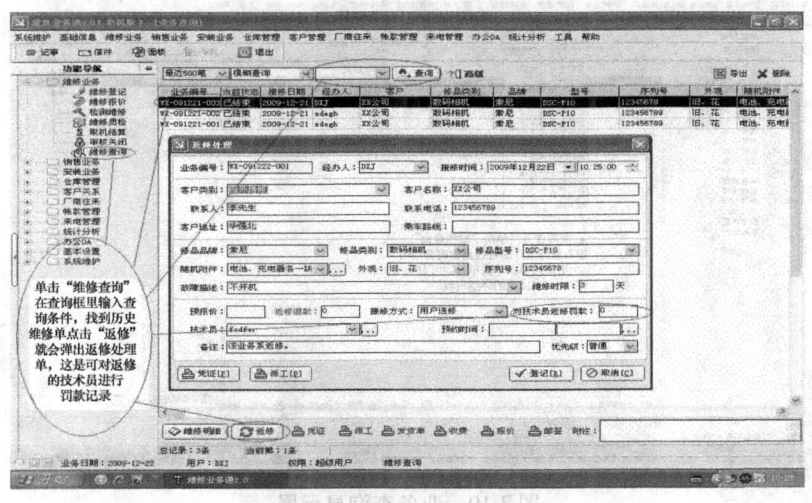

图 2-8　返修处理显示屏

第 9 步：送厂维修

送厂维修是对需要返回生产厂商或者其他厂商维修的情况的跟踪。如图 2-9 所示当维修品返还后，单击"完成"关闭该跟踪。跟踪过程中，修改相关状态，填写费用后单击"保存"按钮保存当前输入。

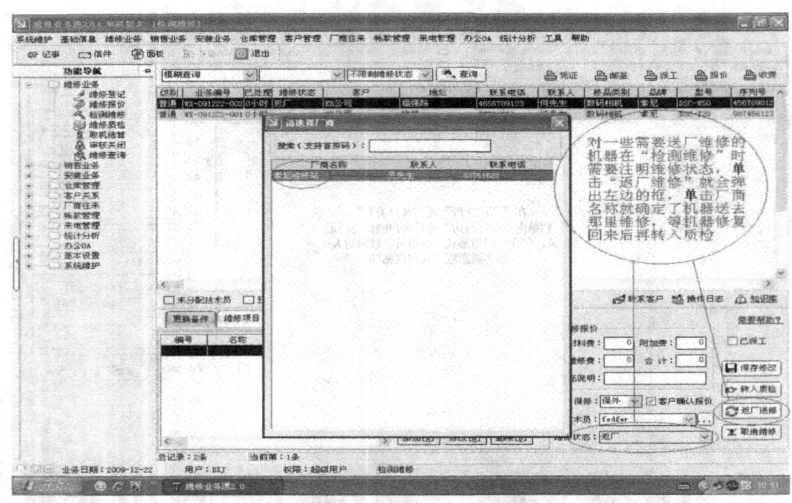

图 2-9 返厂维修显示屏

第 10 步：业务查询

业务查询支持模糊查询，如图 2-10 所示，比如张三，你只要输入"张"就可以把"张三"的业务信息查出来，也支持首拼码的查询。鼠击查询后面的"高级"，可以组合条件查询。也可以在左边的下拉框里面选择过滤条件查询，包括近期结单、当天业务、当月业务、处理中业务、已结束业务、取消业务等。

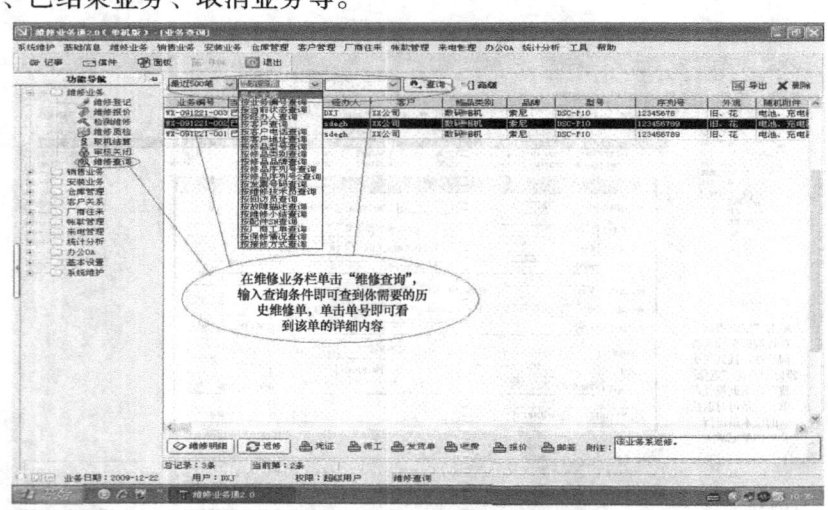

图 2-10 业务查询显示屏

2. 数据统计

第 1 步：综合报表

综合报表列出了当天、当月以及全部正在处理的业务，选择表格单击右键，可以导出到 Excel 格式。

操作方法：在"功能导航"栏里的"统计分析"目录下的子目录里单击"综合业务报

表",选择需要统计的时间:当天、当月、全部待结算业务,即可查询到你需要的报表,单击鼠标右键接口导出表格,如图 2-11 所示。

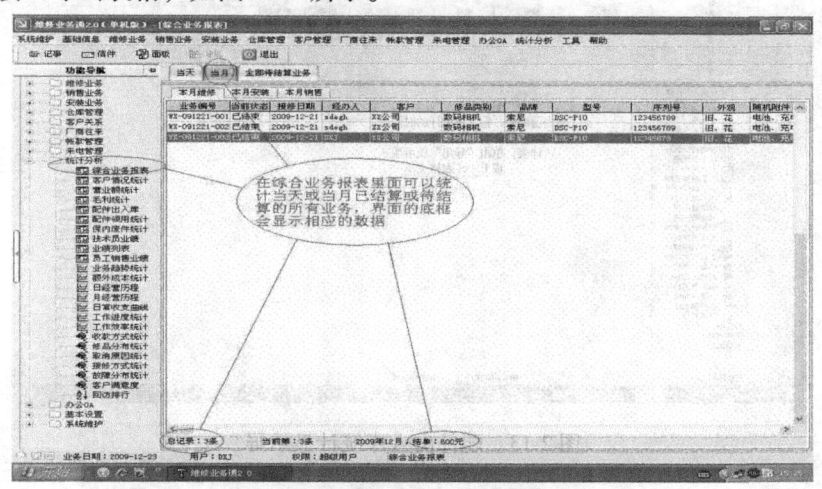

图 2-11 综合业务报表显示屏

第 2 步:客户情况统计
操作方法:在"统计分析"下的子目录里单击"客户情况统计"即可看到如图 2-12 所示界面,根据你的需求可以选择:概述、当天新增客户、当月新增客户、客户分布、客户月度增长情况、客户排行等。

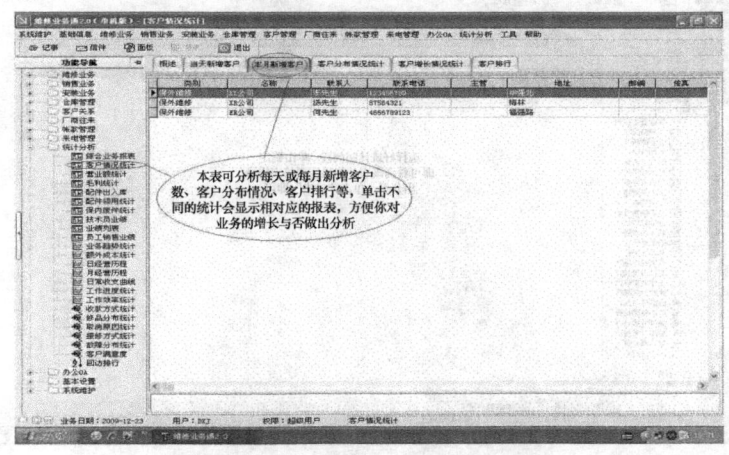

图 2-12 客户情况统计显示屏

第 3 步:备件出入库统计
统计某个时间段内备件出、入库情况。
操作方法:在"统计分析"目录下单击"配件出入库",输入你要统计的时间段,单击确定键即可看到如图 2-13 所示的界面,单击右上角的"导出"即可导出 Excel 格式的表格。

·72· 电子产品售前售后服务项目教程

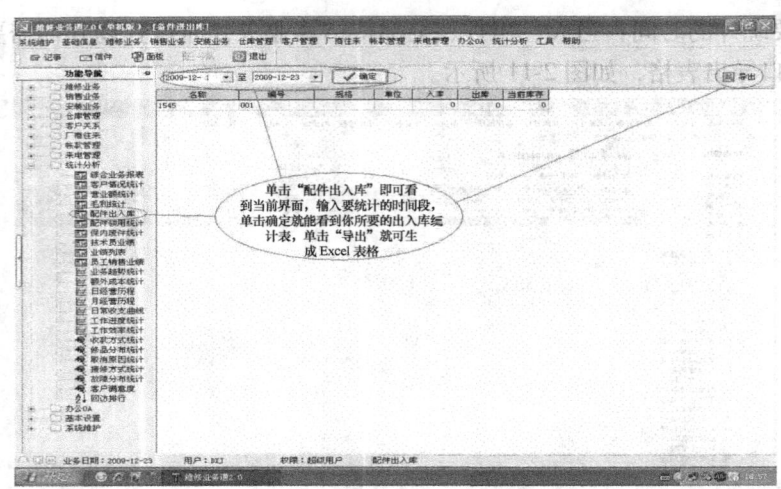

图2-13 配件出入库统计显示屏

第4步：营业额统计

指某个时间段内的维修、安装、销售业务营收统计。

操作方法：在"统计分析"目录下单击"营业额统计"，输入你要统计的时间段，单击确定键即可看到如图2-14所示的界面，单击右上角的"导出"即可导出Excel格式的表格。

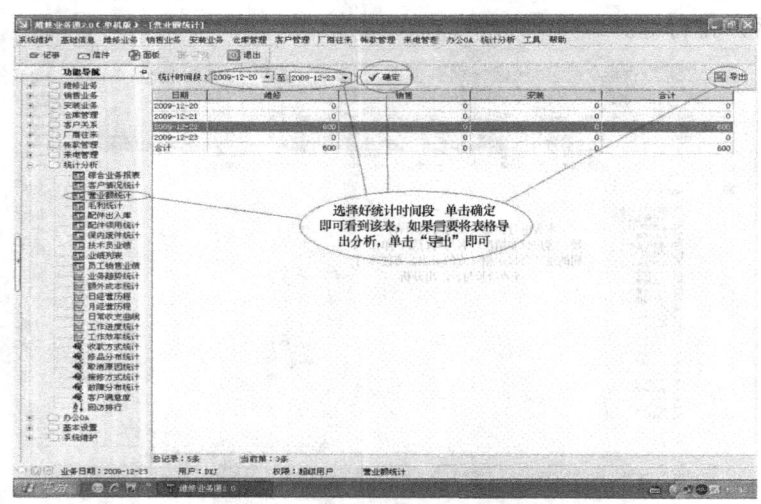

图2-14 营业额统计显示屏

第5步：毛利统计

统计某个时间段内的维修、安装、销售业务毛利。

操作方法：在"统计分析"目录下单击"毛利统计"，输入你要统计的时间段，单击确定键即可看到如图2-15所示的界面，单击右上角的"导出"即可导出Excel格式的表格。

项目二 电子产品售后服务

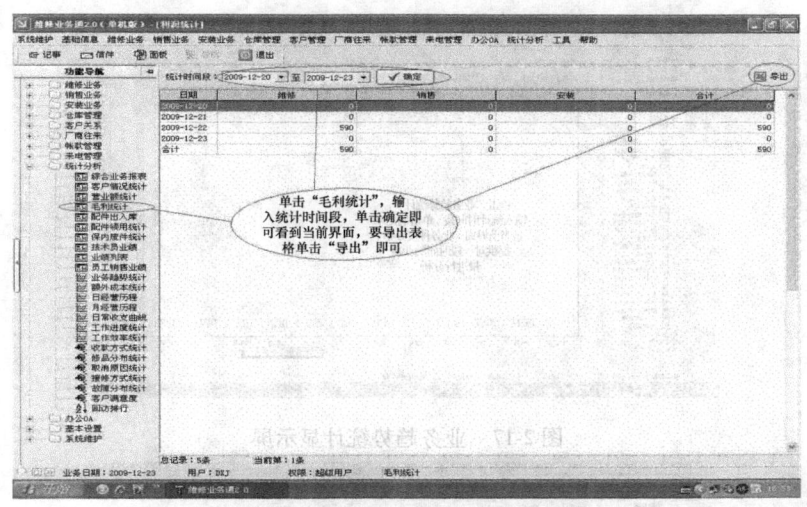

图 2-15 毛利统计显示屏

第 6 步：技术员业绩

统计维修、安装技术员的业绩情况。

操作方法：在"统计分析"目录下单击"技术员业绩"，输入你要统计的时间段，选择好技术员的名称或工号单击"确定"键即可看到如图 2-16 所示的界面，单击右上角的"导出"即可导出 Excel 格式的表格。

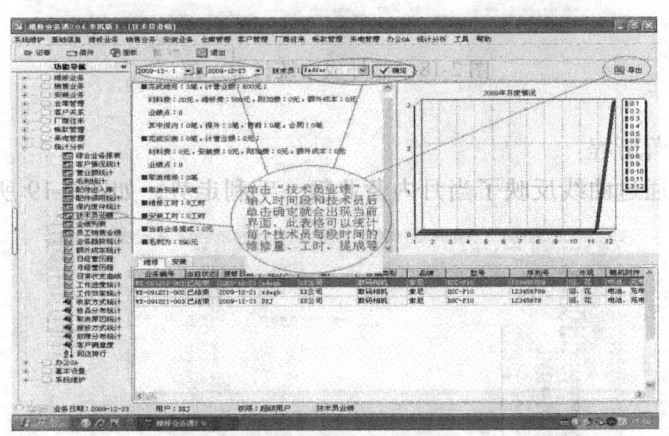

图 2-16 技术员业绩统计显示屏

第 7 步：业务趋势统计

指维修、销售、安装按月分布统计。

操作方法：在"统计分析"目录下单击"业务趋势统计"，输入你要统计的时间段，单击确定键即可看到如图 2-17 所示的界面，可保存或打印该张统计表。

第 8 步：额外成本统计

指维修、安装业务的额外成本统计，如图 2-18 所示。

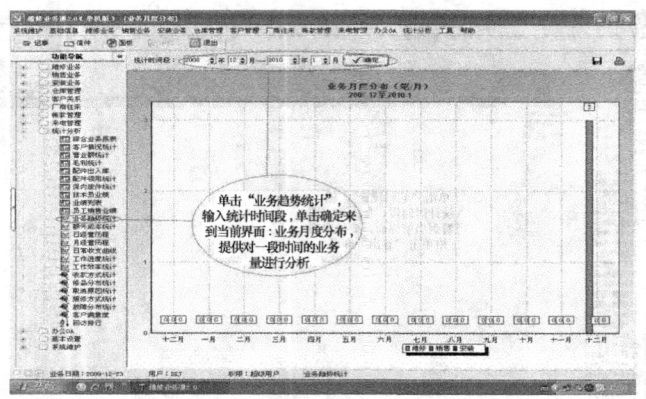

图 2-17 业务趋势统计显示屏

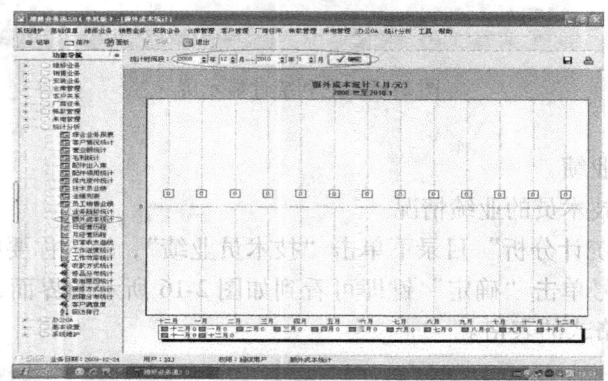

图 2-18 额外成本统计显示屏

第 9 步：日经营历程

以天为横坐标通过曲线反映了当月内营业额、毛利走势，如图 2-19 所示。

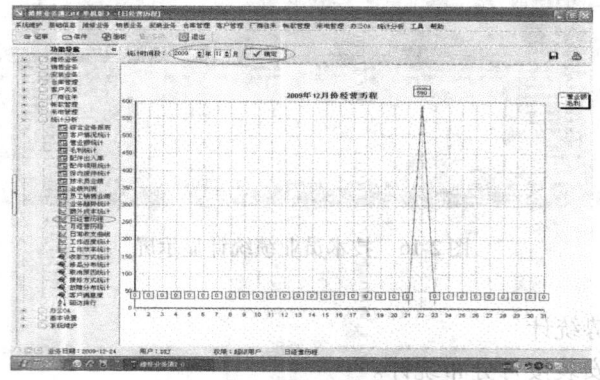

图 2-19 日经营历程显示屏

第 10 步：月经营历程

以月为横坐标通过直方图反映当年内营业额、毛利走势，如图 2-20 所示。

项目二 电子产品售后服务 ·75·

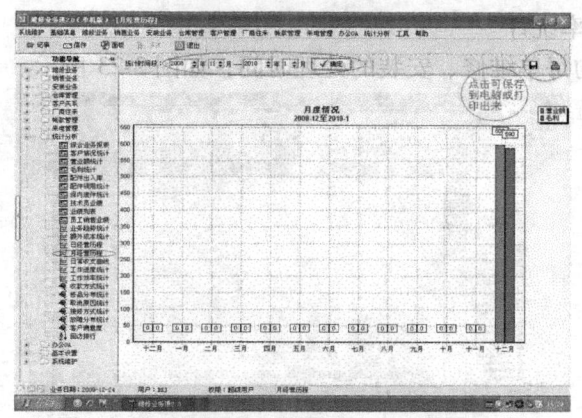

图 2-20 月经营历程显示屏

第 11 步：收支曲线

指日常收支的统计曲线，如图 2-21 所示。

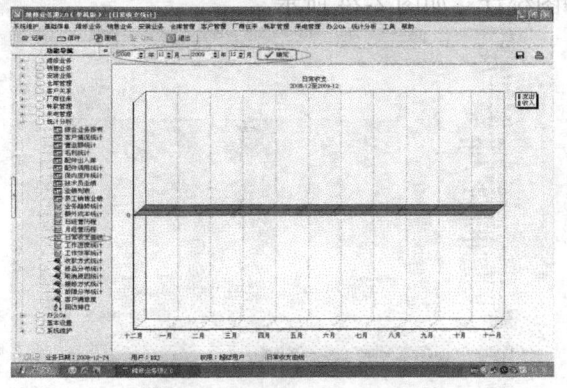

图 2-21 收支曲线显示屏

第 12 步：工作进度统计

指接单、完工对比统计，如图 2-22 所示。

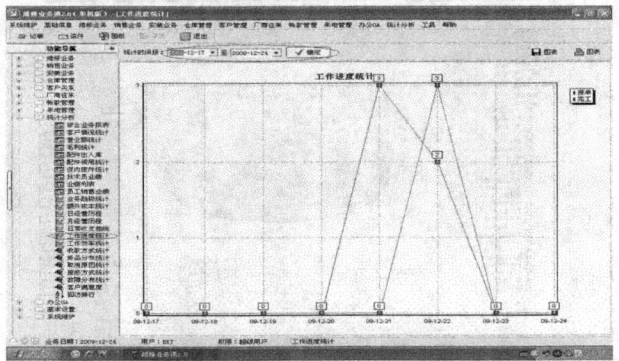

图 2-22 工作进度统计

第13步：工作效率统计

按月度统计，平均每单维修、安装的处理时间，如图2-23所示。

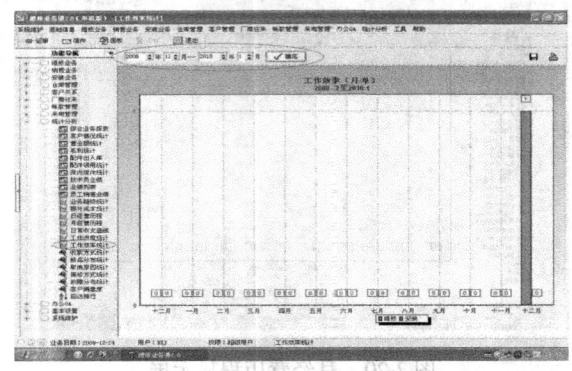

图 2-23　工作效率统计

第14步：收款方式统计

按照收款方式做饼图统计，如图2-24所示。

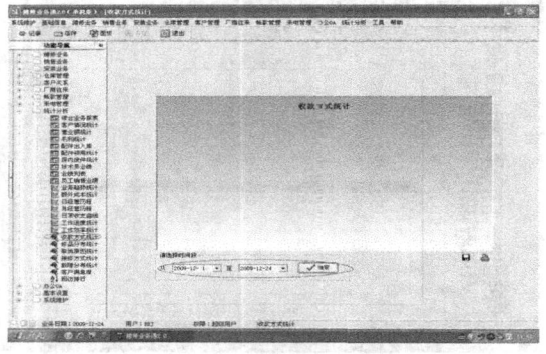

图 2-24　收款方式统计

第15步：修品分布统计

按照维修品的类别、品牌做饼图统计，如图2-25所示。

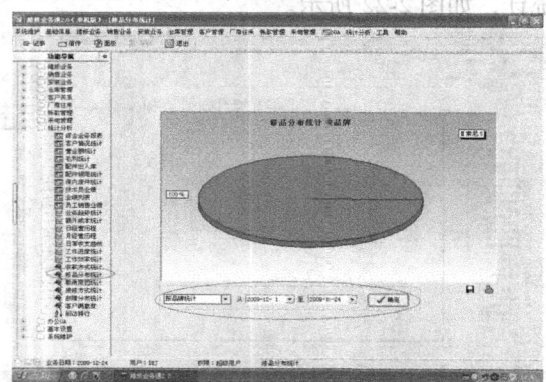

图 2-25　修品分布统计

第 16 步:取消原因统计

取消原因指的是维修业务被取消的原因,根据取消原因做分布统计,如图 2-26 所示。

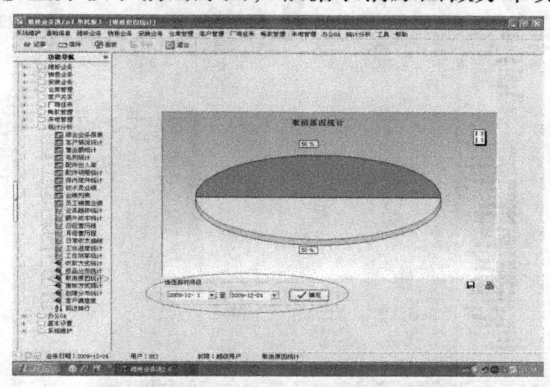

图 2-26　取消原因统计

第 17 步:接修方式统计

指某个时间段内的接修方式分布,如图 2-27 所示。

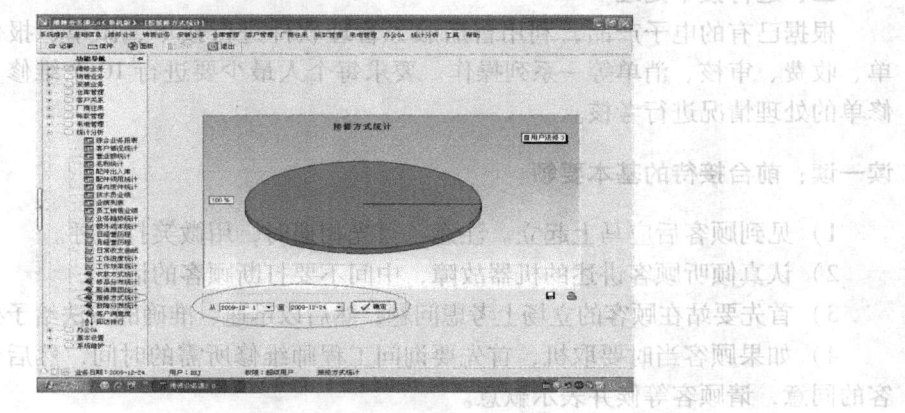

图 2-27　接修方式统计

第 18 步:故障分布统计

指某个时间段内的故障分布,如图 2-28 所示。

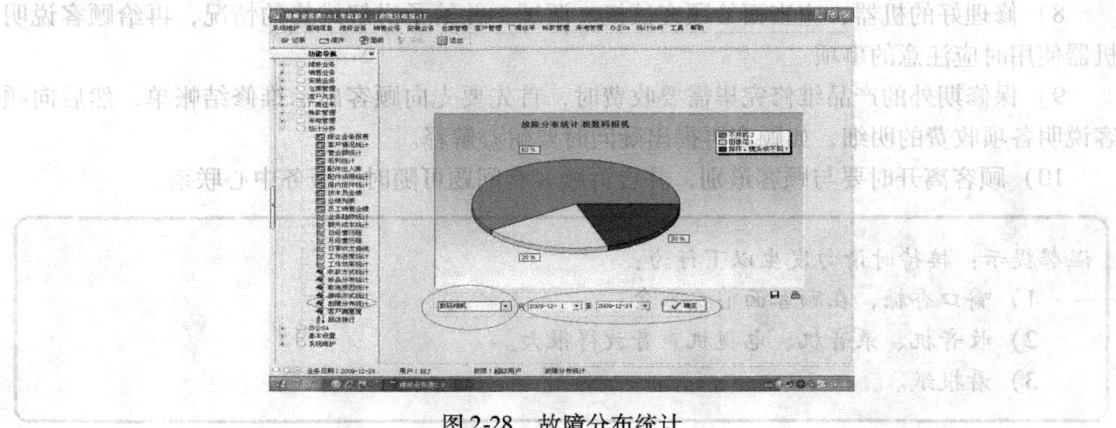

图 2-28　故障分布统计

第19步：客户满意度统计

指某个时间段内客户回访满意度分布，如图2-29所示。

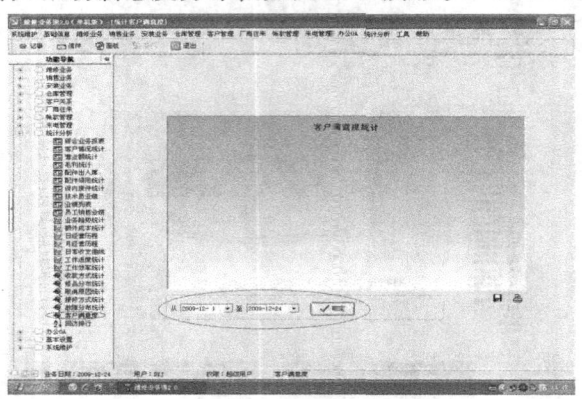

图2-29　客户满意度统计

三、进行接单处理

根据已有的电子产品，利用售后服务管理软件进行接单、派单、报价、维修处理、交单、收费、审核、消单等一系列操作。要求每个人最少要进行10个维修单的处理，根据维修单的处理情况进行考核。

读一读：前台接待的基本要领

1）见到顾客后应马上起立。注意：目光相遇时，用微笑打招呼。
2）认真倾听顾客讲述的机器故障，中间不要打断顾客的话。
3）首先要站在顾客的立场上考虑问题，然后以迅速、准确的方法给予处理，并妥善解决。
4）如果顾客当时要取机，首先要询问工程师维修所需的时间，然后告诉顾客并征得顾客的同意，请顾客等候并表示歉意。
5）顾客等待时，将准备的杂志、报纸、水提供给顾客。
6）如果当时不能满足顾客的要求，详细说明原因求得顾客的理解，并表示歉意。
7）修理完的机器，用干净的抹布将机器擦干净。
8）修理好的机器，应当面给顾客试机、调试，并给予讲解维修的情况，再给顾客说明机器使用时应注意的事项。
9）保修期外的产品维修完毕需要收费时，首先要先向顾客出示维修结帐单，然后向顾客说明各项收费的明细，如顾客再提出疑问时要耐心解释。
10）顾客离开时要与顾客道别，并告诉顾客有问题可随时与服务中心联系。

> 温馨提示：接待时请勿发生以下行为：
> 1）嚼口香糖，在顾客面前吃零食。
> 2）收音机、录音机、电视机声音放得很大。
> 3）看报纸。

> 4）补妆、伸懒腰、打哈欠、打喷嚏。
> 5）签牙、掏耳朵、剪指甲。
> 6）开门、关门或开抽屉、关抽屉的声音很大。
> 7）桌子上摊着大量的文件显得很乱。

练一练：

情景一　前台接单登记

接收是服务业务最重要的第一阶段。我们亲切的服务是感动顾客的钥匙，正确的接收是完善修理的途径。

第一步，当顾客走到前台 1m 前再跟顾客说声"您好！我能为您做些什么？"

第二步，听好顾客的说明，详细记录故障原因。

第三步，听完故障内容后问一下顾客的姓名、住址和电话号码。

第四步，在维修管理软件的业务登记栏进行接单登记（见图 2-30）。

第五步，打印维修单据并要求顾客在维修单上签名确认。

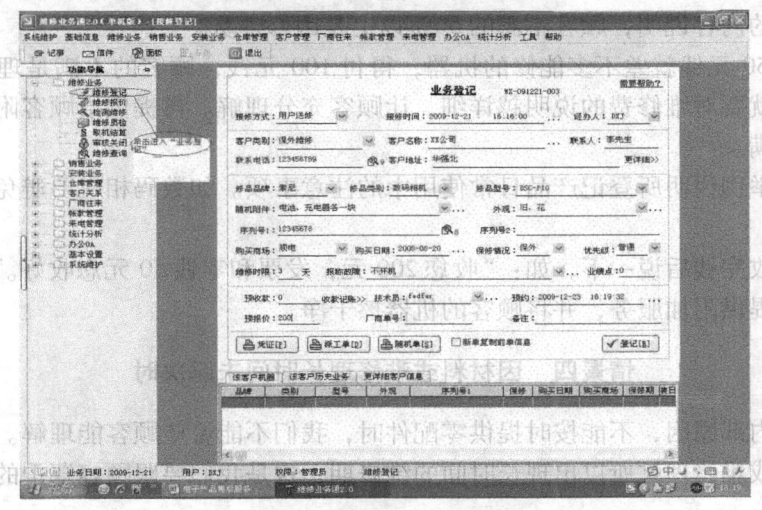

图 2-30　维修登记

注意事项：

1）机器的品牌、型号、机身码等一定要对照记录清楚，以防同品牌的机器较多时发生混淆。

2）附件和外观描述一定要清楚明了，防止发货时与顾客产生不必要的分歧。

3）预报大概的维修费用，提高接单的成功率。

情景二　交单处理

顾客是抽出时间到服务中心来修机器的，所以最好是当时给他修理，在顾客要求的修理时间内修理完，顾客才会满意。当工程师修好机器后前台人员必须及时对维修单进行交单处理，这个过程包含"检测维修"和"维修质检"两个步骤。

第一步，先派单给相应的工程师，并对顾客说"请稍等，我确认一下修理时间，我再告诉您好吗？"

第二步，跟工程师咨询后，再跟顾客约定"维修时间大约需要 ** 时间。"

第三步，因材料问题当时不能修理时，"请稍等，我确认一下什么时候可以修好，再告诉您好吗？"

第四步，跟工程师确认后告诉顾客，"大约需要 ** 时间。"

第五步，机器修复后利用维修管理软件录入维修结果和零配件的领用。

第六步，测试机器的各个功能，确定修复后利用管理软件录入维修费用等。

情景三 发货处理

顾客希望能知道产品修好没有，怎么才能不出现故障等问题。

第一步，让顾客亲自检查检验产品的功能。

第二步，跟顾客说明故障原因和处理方式。故障内容、修理部位、更换的零件，用易懂的语言来说明。为什么必须要换这个零件，价格是多少，给顾客详细说明。专业术语用易懂的词来说明，比如 CRT 与显像管，IC 与集成电路等。

顾客调查的内容说明，顾客不满的 50% 以上是因修理费。

顾客觉得 50 元钱就差不多能修的机器，得付 100 元钱，顾客的不满是理所当然的。所以越是这样你就要对维修费的说明越详细，让顾客充分理解。再提供给顾客附加服务，会消除费用高的不满。

第三步，举例说明所登记产品日常使用中的注意事项。如数码相机要避免受潮，否则就容易出故障。

第四步，收完钱后说一下，如："收您 200 元，发票和零钱 50 元您收好。"

第五步，提供附加服务，并将顾客的机器擦干净。

情景四 因材料或难修理长时间未解决时

因公司的内部原因，不能按时提供零配件时，我们不能希望顾客能理解。但现实上因零配件的不提供或难修理，所以出现长时间的维修期，这是我们要跟顾客郑重的道歉，约定好修复的日期。

1)"非常对不起，因 ** 部位的 ** 零件暂时缺货，需要 10 天左右，我们修完以后会给您送回去，这期间给您带来的不便深表歉意。"

2) 按约定时间送到家，给用户安装，再说一次"给您长时间的添麻烦非常抱歉。"

3) 顾客把自己的机器长时间的托付给我们，会担心有没有划伤，能不能修理好等问题，所以修完以后，把机器擦干净再送回去。

举一反三：

针对以上实例请列举几个应对措施：

相关知识：

上门服务基本礼仪

1）上门前 1h 与顾客电话联系，再次确认地址和上门时间，并告知对方自己所处的方位以及到达大概需要的时间。

2）与顾客约定的上门时间一定要遵守，特殊情况不能守约时，一定要事先与顾客联系征得同意，再另外约定上门时间。

3）上门前检查自己的仪容、仪表，要整齐、干净，并仔细检查工具箱里面的维修工具，别忘了携带鞋套和抹布。

4）敲门、按门铃时不可过重、过急。注意：按门铃要按 2s，第 2 次要在第 1 次按门铃的 7～10s 以后再按。

5）如果用户家中无人，需要在门上贴"留言条"。

6）见到顾客先鞠躬，主动介绍自己的身份，或拿出公司的名片递给顾客。

7）如果需要换鞋时，要主动套上自己携带的鞋套。

8）向顾客询问机器的位置，跟在顾客后面时，要留 2 步的距离，不可东张西望。

9）仔细倾听顾客讲述机器的故障，并尽快做出判断。

10）选定维修空间时，要征得顾客的同意。

11）将带去的台布铺好，卸下来的螺钉或零件要摆放整齐。

12）开始维修之前，将需要的时间和费用告诉顾客，得到顾客同意后再开始维修。

13）对顾客的机器一定要爱惜，维修时要轻拿轻放。

14）修理完毕后，将机器放回原处，拿干净的抹布擦干净，并整理周围的环境。

15）给顾客试机，让顾客确认修理结果，并仔细讲解修理的内容，同时也要说明使用中的注意事项。

16）维修后，可为顾客再进行 +1 产品的维修服务。

17）离开时给顾客留下联系方式，以便日后联系。

上门维修实例介绍：

实例一　上门前与顾客联系

与顾客约定是公司的信誉，顾客只能等与我们约好的时间，要是我们违约的话，顾客肯定会不满。

1）提前 1h，打电话再次确认地址。

2）"您好，我是××服务中心＊＊＊工程师，我想确认一下您的地址。"

3）如顾客需要调整上门时间，你得接受。
4）打电话时说明自己的身份，并告诉上门的时间，大约几点钟。
5）上门前确认好故障内容，避免没带零件的情况发生。

实例二　按门铃时

白天在家等候服务的顾客大部分是主妇或者老弱者，对这种人可以给予信赖感的第一印象就是按门铃的瞬间，这是与顾客直接接触的重要前提之一。

1）按2s，等7~10s后再按。
2）听见"是谁？"时，你就说"您好！我是××维修中心上门来的＊＊＊工程师。"庄重而亲切地说："是＊＊＊先生家吗？"
3）没有门铃的情况下，"有人在吗？我是××电子来上门的。"反复说着等顾客出来，从屋里传出"谁呀？"的时候，庄重而亲切地说："您好！我是××电子服务中心的＊＊＊工程师。"

实例三　修理完机器放回原位

虽然修理好了，但不把机器放回原位，整理成原样的话，顾客对你的服务还是有点不满，应比原来更好地放回原位。

1）为了修机器，搬开周围的花瓶、相架等，然后还要将各种物品放回原位。要是记不住的话，问一下用户"先生，这花瓶放电视的右侧吗？"
2）整理的比原来还要整洁。
3）别忘了修理完以后，将弄脏的产品要擦干净。

> 温馨提示：上门时请勿发生以下行为：
> 1）在顾客家抽烟、喝饮料甚至吃饭。
> 2）随便坐顾客家中的椅子。
> 3）未征得顾客同意，随便使用顾客家中的物品。
> 4）维修时将工具摊得满地都是。
> 5）对顾客家中的摆件好奇，随便触摸。
> 6）给顾客解释问题时，诱导错误的概念。

四、撰写工作总结

总结是在实施计划或完成任务之后，对已做工作进行概括或评估的文书。每月或每周完成前台工作之后，要及时、认真地进行工作总结。进行工作总结的目的，是对已做工作进行概括或评估，肯定成绩，找出差距，以便采取必要的措施改进今后的工作。

总结的主要特点：一是回顾性，总结的内容是回顾已经做过的工作，在总结的时间段内，做了多少就写多少，做的怎样就怎样写，不能无中生有，不能夸张掺假。二是经验性，总结的目的不仅仅在于回顾已经做过的工作，还在于把感性的认识上升到理性的高度，从具体工作中引出经验教训，以便为今后的工作提供借鉴。

1. 总结的意义及其类型

总结的种类多种多样，依总结的内容，可分为综合性总结和专题性总结。

综合性总结，也称为全面总结，是对接待工作情况及经验教训进行全面而系统的总结，对整个工作的各个侧面进行检查和评估。专题性总结，也叫单项总结，是就某一问题、某个方面的工作或活动所进行的专门总结，内容比较单一、集中。

依总结的主体，可分为个人总结和集体总结。

工作总结是接待管理的重要组成部分。在接待管理循环中，工作总结既是循环的终点，又是下一个循环的起点。

进行工作总结，要注重绩效分析和着力于解决存在的问题。对接待工作进行绩效分析和评估，主要从以下几个方面进行：

1）顾客的满意度。
2）领导和同事的满意度。
3）接待服务质量：态度、效率、安全、周到。
4）每周或每月接单量及成功率。
5）每周或每月的收支报表。
6）每周或每月的投诉分析报表。

2. 总结的步骤和要求

工作总结的一般步骤是先个人总结，在个人总结的基础上进行集体（综合）总结。要重视总结前的准备工作，包括：收集有关的资料；对前段工作进行全面系统的回顾、检查、反思，进行综合、归纳和分析，从中找出经验教训并使之条理化等。

3. 总结的写法

（1）正文　正文一般由开头、主体、结尾三个部分构成。

开头部分首先概述基本情况，包括时间、地点、背景、进程、效果和收获等，具体的叙述方法，可以概括主题，也可以对正文内容作提纲挈领的交代。

正文的主体部分写总结的事项，分析取得的成绩、主要做法和经验。有些总结的正文，在阐述了成绩、经验之后，还要指出存在的问题及原因，提出解决问题的建议和办法。正文的结尾部分要求用凝练的语言概括全文，也可以表明总结单位或个人的态度，如今后进一步做好工作的决心，向全体成员发出号召等。如果主体部分已经写清楚，也可以直接收尾。

就总结的正文结构而言，通常有三种写法。

1）条文式，用数字一、二、三、四标示的条文形式，以清楚地显示各部分的内容间的相对独立性和衔接的递进关系。

2）小标题式，就是把工作中摸索出的经验、体会、成绩、做法，概括成若干个小标题，然后分别加以阐述。

3）全文贯通式，即围绕全文的主题，或按照事物发展的先后顺序，或按照事物的逻辑关系，分成几个部分（没有小标题）全文贯通。

（2）署名与日期　总结署名一般要写全称，写在正文的右下方，也有的写在标题之下的。如果标题中有了单位名称，可以不再署名，写总结的日期则另起一行写在署名之下。

★**做一做**：利用维修管理软件统计各项数据进行分析，并撰写一份工作总结。

子任务二 制订收费标准

为了维护消费者的合法权益，促进家电维修服务市场的公平竞争和健康发展。根据《中华人民共和国价格法》、国家发展改革委《关于商品和服务实行明码标价的规定》和《禁止价格欺诈行为的规定》，制订符合当地消费水平的收费标准。

根据《中华人民共和国价格法》制订符合当地政策和消费水平的维修收费标准，并填写表2-1。

表 2-1 维修收费标准表

维修种类	维修等级	维修项目	机型	维修费/（元/台）
彩电	大修			
	中修			
	小修			
	简单维修			
	安装、调试			
DVD	大修			
	中修			
	小修			
	简单维修			
	安装、调试			
数码相机	大修			
	中修			
	小修			
	简单维修			
	安装、调试			
摄像机	大修			
	中修			
	小修			
	简单维修			
组合音响	大修			
	中修			
	小修			
	简单维修			
	安装、调试			

学一学：

制订收费标准

1. 收费标准的制订

1）维修费用：指提供维修、维护服务所发生的技术人工费用，一般由工商和物价管理部门联合制订。根据机器的损坏程度不同可分为：简单维修、小修、中修和大修。当对同一台产品进行多次维修，只收取一次人工费，不得重复收取人工费。

2）材料费用：指提供维修、维护服务所更换的备件、材料、维修耗材等物料费用。

3）其他费用：对于只调试、检测（为用户拆机检测出具体是哪个部件损坏）不进行换件维修的人工费按"检测、鉴定"收取费用，用户寄送修、送厂维修往返运费由用户自行承担。

2. 维修收费计算方法

1）简单维修：上门咨询、解释、指导使用、调整、重装归位、紧固等可收取上门服务费。

2）小修：不需要拆机的维修，如整机调试、机外附件的维修等无需更换配件的服务。

3）中修：更换整件的维修，包含调试，如更换主板、电源板等。

4）大修：板级、芯片级维修需更换配件等。

5）维修总收入 = 维修费 + 材料费 + 其他费

3. 其他费用的计算

1）返厂维修：所产生的厂家费用 + 来回的运输费，不得另加维修费。

2）上门服务费：对于只上门调试、检测不进行换件维修的人工费按"检测、鉴定"收取费用。

3）用户寄修：在维修总收入上增加邮寄费。

4）送外加工费：对于送外加工处理的零配件的费用在原来的基础上增加送外的运费和税率。

子任务三　拟定维修合同

家电维修合同是一种契约，它是承修、托修双方当事人之间设定、变更、终止民事法律关系的契约。为了协同其家电维修活动达到按规定标准和约定条件维修家电的目的，而协商签订的相互制约的法律性协定。

★做一做

****酒店有创维 21NK9000 电视机 100 台，需要长期维修和保养，现拟向维修行业进行招标。

请根据以上情况为****酒店拟定一份详细的维修合同书。

1. 实训目的

通过拟定维修合同，了解维修合同的内容，掌握合同使用时的注意事项。

2. 所需设备及资料

计算机、网络、办公软件等。

3. 实训步骤

1）了解维修合同的基本内容。

2）了解维修设备所需配件的价格。

3）根据要求拟定维修合同。

4）展示维修合同与答辩。

4. 实训报告

把实训过程的心得体会及遇到的问题记录下来,并与小组成员讨论。

家电维修合同样本

甲方：_____（以下简称甲方）
电话：_____
传真：_____
地址：_____
乙方：_____（以下简称乙方）
电话：_____

甲、乙双方本着互利互惠的原则,就甲方单位电视机的维护服务问题,经充分协商,决定订立本协议。

一、合作的内容

甲方自愿将本单位的电视机交给乙方维护,乙方提供上门服务,合同期为____年。甲方共有电视机____台给乙方维护,共需要维护费用￥_____元（RMB）/年；在合同期内,甲方如果新增电视机,维护费用另议。该款项自合同签署后,甲方每（季度）付清商议服务款项给乙方。

该合同总计甲方需首付给乙方服务费￥_____元（RMB）,大写￥_____元（RMB）。

二、上门服务项目

服务项目描述：
_____
_____
_____

三、维护的范围

1. _____
2. _____
3. _____
4. _____
5. _____

四、服务响应时间

_____
_____
_____

五、下列情况,甲方可以将主机交给上门工程师搬回乙方维护,承诺在 **48h** 内预约送回：

1. _____
2. _____
3. _____

六、乙方承诺：＿＿＿＿＿＿＿＿＿＿＿＿＿＿＿＿＿＿＿＿＿＿＿＿＿＿＿＿＿＿＿＿＿＿
＿＿

七、甲方单位的电视机如果不是全部由乙方维护：＿＿＿＿＿＿＿＿＿＿＿＿＿＿＿
＿＿

八、乙方工作需要甲方配合的情况：＿＿＿＿＿＿＿＿＿＿＿＿＿＿＿＿＿＿＿＿＿＿
＿＿

九、合同的解除

自＿＿年＿＿月＿＿日至＿＿年＿＿月＿＿日止，合同到期自行解除。如果甲方续签合同，则另签合同。乙方工程师与甲方发生剧烈冲突，经双方协商难以调解的，甲方可以要求解除和约，但甲方必须付清已经服务的次数所需的费用。

十、此协议未尽事宜，由双方协商解决。此协议一式两份，双方各执一份。此协议自双方签字盖章之日起生效。

甲　　方：　　　　　　　　　　　　乙　　方：
负 责 人：　　　　　　　　　　　　负 责 人：
单位盖章：　　　　　　　　　　　　单位盖章：
年 月 日

学一学：

知识1 维修合同的主要内容

按照国家工商行政管理局发布的《设备维修合同实施细则》的规定，家用电子产品维修合同主要有以下内容：

1）承修、托修双方名称及签字。
2）签订日期及地点。
3）合同编号。
4）约定维修电器的品牌、型号等。
5）约定维修的期限。
6）约定维修的方式。
7）预计维修的费用。
8）托修方所提供材料的规格、数量、质量及费用结算原则。
9）质量保证期。
10）验收标准和方式。
11）结算方式和期限。
12）违约责任和金额。
13）解决合同纠纷的方式。
14）双方商定的其他条款。

知识2　维修合同的使用

家电维修合同必须按照平等互利、协商一致、等价有偿的原则依法签订，承修、托修双方签字后生效。

1. 合同签订的范围

凡属于下列家电维修作业范围，承修、托修双方必须签订维修合同：

1）家电生产厂家或销售商委托维修一系列产品。
2）一次性批量维修。
3）长期家电维修保养业务。

2. 合同签订的形式

家电维修合同的签订形式一般分为三种：

1）长期合同，即最少一年以上的合同，如签订品牌特约维修合同。
2）即时合同，受客户委托一次性维修一批电器。
3）家电包修保养合同，指受企业委托对其指定的电器设备进行长期的维修和保养。

3. 托修方的义务

1）提供委托维修电器的技术资料，技术档案等。
2）提供质量合格的零配件。
3）按合同规定的方式和期限结算维修费用。

4. 承修方的义务

1）按合同规定的时间保质保量地完成维修任务。
2）在保证期内应尽保修义务。
3）建立电器维修技术档案，并向托修方提供电器维修的有关明细及使用注意事项。
4）按规定收取费用，并向托修方提供票据及维修费、材料明细表。

5. 合同变更、解除的条件

1）双方协定变更、解除维修合同的条件是：必须双方当事人协商同意，必须不因此损害国家或集体利益。
2）单方协定变更、解除维修合同的条件：发生不可抗力；企业关闭、停业、转产、破产；严重违约等。

子任务四　制订投标书

《招标投标法》第十九条规定，招标人应当根据招标项目的特点和需要编制招标文件。招标文件应当包括招标项目的技术要求、对投标人资格审查的标准、投标报价要求和评标标准等所有实质性要求和条件以及拟签订合同的主要条款。国家对招标项目的技术、标准有规定的，招标人应当按照其规定在招标文件中提出相应要求。

★做一做

以下是***单位的招标文件，请根据招标文件内容制订一份符合要求的投标书，并模拟参加投标。

1. 实训目的

通过招标文件，了解投标书所包含的内容，掌握投标书的制订方法。

2. 所需设备及资料

计算机、网络、办公软件等。

3. 实训步骤

1）了解投标书的基本内容。
2）了解维护设备及设备所需配件和耗材的价格。
3）根据要求制订投标书。
4）进行投标。

4. 实训报告

把实训过程的心得体会及遇到的问题记录下来，并与小组成员讨论。

投影机和打印机耗材、配件及维护服务招标文件
投标邀请

日　　期：2010 年 9 月 3 日

招标编号：＊＊＊＊-2010001

＊＊＊＊＊＊学校诚邀国内合格供应商就我校投影机和打印机耗材、配件及维护服务提交密封投标。

1）有意向的供应商可从 2010 年 9 月 3 日到 2010 年 9 月 22 日止到＊＊＊＊＊＊学校＊＊楼＊＊＊＊室领取采购文件。

2）所有投标书应于投标截止期 2010 年 9 月 24 日 10 时之前递交到＊＊＊＊＊＊学校综＊＊楼＊＊＊＊室。

3）定于 20＊＊年＊＊月＊＊日＊＊时在＊＊＊＊＊＊学校＊＊楼＊＊＊＊室公开开标，届时请参加投标的代表出席开标仪式。

联系人：　　　　　　联系电话：　　　　　　传真：

货物需求一览表

商务需求明细：

需求名称	需求说明
资质要求	1. 供应商必须是在＊＊市注册的公司 2. 注册资金 100 万元（含 100 万元）以上 3. 至少拥有两个同类型的客户，拥有三名技术人员及相应的工作场地 4. 照章纳税，提供相应的纳税证明，没有不良记录 5. 具备相关经营范围，须提供加盖公章的营业执照副本复印件（原件备查）
交货时间及地点	＊＊＊＊＊＊学校 打印机硒鼓必须在要求送货的当天送货到学校
报价方式	1. 投标报价应以人民币为结算单位，为普通发票价格，包括运至合同指定地点的运输费、装卸费、安装调试费等 2. 若在合同期内产品价格发生重大调整，双方本着友好合作的精神协商处理
付款方法	投影配件费用每月结算一次，打印耗材及其他项目每学期结算一次

(续)

需求名称	需 求 说 明
合同期限	1. 合同期限为两年,自＊＊＊＊年＊＊月＊＊日起至＊＊＊＊年＊＊月＊＊日止 2. 本协议期满,合同自行终止
售后服务	1. 提供的投影灯泡必须为原装正品。提供原厂证明,原包装和说明书。灯泡的保修时间为不少于六个月 2. 送话器、功放必须提供原厂证明,保修期一年 3. 所有音响设备必须提供正品,并提供备用音响保证教学使用 4. 投影屏幕必须提供原厂证明,保修期两年 5. 打印机硒鼓加粉必须到××市主要的硒鼓加粉厂去加粉;新硒鼓必须是原厂生产的产品,提供原包装及相关证明材料

技术需求明细:

重要提示:此次招标为服务项目;参考数量是一年的总量,根据历年维修情况测算而出,用于投标报价计算;结帐数量以实际发生为准,报价基于一年的消耗估算量;中标公司定点供应学校零散采购的计算机网络配件耗材(每年估算1万元)。

1. 投影机、屏幕及打印机等设备单体服务价格

(1) 投影机灯泡

产　　品	投影仪型号	现有投影仪数量/台	参考更换数量/个	单价/元	小计
NEC 投影机原装灯泡	VT660	30	15		
	VT670	10	4		
	VT676	10	4		
	MT850	1	1		
	VT695	30	15		
	VT700	10	5		
爱普生74	爱普生74	10	5		
三菱 投影机原装灯泡	LVP-X300U	5	3		
	LVP-XL25U	6	3		
日立 投影机原装灯泡	CP-2020	10	5		
富士通 投影机原装灯泡	LPF-4800	10	5		
夏普 投影机原装灯泡	PG-CN300X	1	1		
松下 投影机原装灯泡	X670	4	2		
	PT-X95	1	1		
EIKI 投影机原装灯泡	NB2	1	1		
合计A(元):					

(续)

产　品	投影仪型号	现有投影仪数量/台	参考更换数量/个	单价/元	小计
技术要求	\multicolumn{5}{l|}{1. 投影机灯泡正品与否的检测方法：装机后用照度仪测试灯泡与我校方提供灯泡的亮度数值，须达到标准值的95%以上 2. 原装灯泡必须是带灯架的灯泡}				
报价依据及特别说明	\multicolumn{5}{l|}{1. 现有投影仪的数量和参考更换数量仅作单价报价参考，实际费用结算以实际发生数量为依据 2. 投影机灯泡的更换率每年约50% 3. 小计 = 参考更换数量×灯泡单价}				

（2）送话器、功放

产品	现有数量	品牌	型号	参考更换数量	单价/元	小计/元
送话器	160 个	铁三角	XM-5S	100 个		
功放	160 台	万利达	MK-100 超薄型	30 台		

合计 B（元）：

报价依据及特别说明	1. 送话器和功放的数量仅仅是单价报价的参考，不是实际需要的数量 2. 小计 = 参考更换数量×单价

（3）投影屏幕

产品	现有数量	品牌	规格	参考更换数量/幅	单价/元	合计 C/元
投影屏幕	160 幅	阿波罗	100in，电动	30		

报价依据及特别说明	1. 投影机屏幕的更换率预计每年20% 2. 合计 C = 参考更换数量×单价

（4）投影机维修

机型	更换部件	参考更换数量/块	单价/元	小计/元
NEC VT660	主板	10		
	液晶板	10		
	电源板	5		
NEC VT670	主板	5		
	液晶板	5		
	电源板	5		
NEC VT676	主板	3		
	液晶板	3		
	电源板	3		
NEC MT850	主板	1		
	液晶板	1		
	电源板	1		
NEC VT695	主板	10		
	液晶板	10		
	电源板	5		

(续)

机型	更换部件	参考更换数量/块	单价/元	小计/元
NEC VT700	主板	3		
	液晶板	3		
	电源板	1		
爱普生74	主板	5		
	液晶板	5		
	电源板	5		
LVP-X300U	主板	1		
	液晶板	1		
	电源板	1		
LVP-XL25U	主板	2		
	液晶板	2		
	电源板	1		
CP-2020	主板	3		
	液晶板	3		
	电源板	1		
LPF-4800	主板	1		
	液晶板	1		
	电源板	1		
PG-CN300X	主板	1		
	液晶板	1		
	电源板	1		
X670	主板	2		
	液晶板	2		
	电源板	1		
PT-X95	主板	1		
	液晶板	1		
	电源板	1		
NB2	主板	1		
	液晶板	1		
	电源板	1		
合计 D（元）：				
报价依据及特别说明	1. 参考更换数量仅作单价报价参考，实际费用结算以实际发生数量为依据 2. 投影机的故障维修率约为20% 3. 更换的部件必须提供原厂商证明 4. 单价是指更换新的配件的价格，非以旧换新的价格 5. 液晶板的单价是指更换1个晶片的价格 6. 小计＝参考更换数量×单价			

（5）投影机清洗、线路维护

项目	内容	数量/台	单价/元（两次）	合计E/元
清洗维护	投影机、音响、线路等	160		
报价依据及特别说明	1. 投影机维修的时间要求在一天内，必须同时提供备用机 2. 一年两次投影机清洗/线路检测/音响维护/屏幕维修维护 3. 单价是指投影机清洗/线路检测/音响维护/屏幕维修维护的价格 4. 投影机部件包括机壳、进风口、出风口、光学部件、液晶板及电路板、风扇等。使用专用的超声波清洗设备对投影机的光学镜片、液晶板、镜头及灯泡进行清洗，可以达到防老化的效果；对主板、电源板、接口板、风扇、外壳等部件用防静电除尘设备和专用清洁液等分别清洗干净，然后把投影机部件重新装上并调整到最佳效果，更换过滤网。音箱、功放、送话器定期保养。更换老化线路及屏幕电动机 5. 合计 E = 单价 × 160			

（6）打印机硒鼓

产品	硒鼓加粉			硒鼓再生			新硒鼓			小计
	参考数量/次	单价	总价1	参考数量/个	单价	总价2	参考数量/个	单价	总价3	
HP7115A	60			20			5			
HP2612A	100			30			10			
HP5949A	30			10			5			
HP4129X	10			5			5			
联想 LT2020							30			
利盟 E250							30			
合计F（元）：										
技术要求	1. 不能出现露粉现象，否则换货 2. A4 型号每次加粉的碳粉重量不得少于170g，并提供商家证明 3. A3 型号每次加粉的碳粉重量是不得少于350g，并提供商家证明 4. 确保每次加粉后打印 A4 纸不得少于 2000 张，A3 纸不得少于 5000 张 5. 若因加粉致使硒鼓损坏，应用新硒鼓赔偿学校 6. 参考数量仅作报价参考，实际费用结算以实际发生数量为依据									
报价依据及特别说明	1. 其他要求参见标书前面关于硒鼓方面的内容 2. 小计 = 硒鼓加粉、硒鼓再生和新硒鼓三项总价的和									

2. 投标报价合计计算

投标报价 = A + B + C + D + E + F

A：投影机灯泡合计金额

B：送话器、功放合计金额

C：投影屏幕合计金额

D：投影机维修金额

E：投影机清洗线路维护合计金额

F：打印机硒鼓合计金额

注意：1）如果分项报价与总价不一致，以总价为准。
2）如果不提供详细分项报价将视为没有实质性响应招标文件。
3）总计价应等于"投标一览表"中的投标总价。

投标人须知

一、说明

1. 合格的投标人

1）除非下文另有规定，凡是有中华人民共和国境内注册且为人民币流通区域内的供货人均可投标。

2）只有在法律上和财务上独立、合法运作的供货人才能参加投标。

2. 合格的货物和相关服务

1）本招标项目为货物及相关服务招标，提供的货物必须是全新的。

2）货物及相关的服务必须符合中华人民共和国设计和制造生产或行业标准，出厂检验及质量合格证明齐全。

3）进口的货物必须是具有合法的进口手续和途径并通过了中华人民共和国商检部门检验的现货。

4）投标人应保证，采购人在中华人民共和国使用该货物或货物的任何一部分时，免受第三方提出的侵犯其专利权、商标权或工业设计权的起诉。

二、招标文件

1. 招标文件构成

1）要求提供的货物、招标过程和合同条件在招标文件中均有说明。

2）投标人应认真阅读招标文件中所有的事项、格式、条款和技术规范等。投标人没有按照招标文件要求提交全部资料，或者投标没有对招标文件在各方面都作出实质性响应是投标人的风险，并可能导致其投标被拒绝。

2. 招标文件的澄清

任何要求对招标文件进行澄清的投标人，均应以书面形式通知招标采购人。

3. 招标文件的修改

1）投标截止期前的任何时候，无论出于何种原因，招标采购人可主动地或在解答投标人提出的澄清问题时对招标文件进行修改。

2）招标文件的修改将以书面形式通知所有领取招标文件的投标人，并对其具有约束力。投标人在收到上述通知后，应立即向招标采购人回函确认。

三、投标文件的编制

1. 投标文件构成

1）投标人编写的投标文件应包括下列部分，否则将导致其投标被拒绝。

①投标书。

②投标一览表。

③投标价格及技术说明表（包括分项报价表）。

④商务偏离表。

⑤售后服务方案。

⑥相关资质证明文件（复印件）。

2）投标方应将"投标文件"装订成册，并填写"投标文件资料清单"。

2. 投标报价和货币

投标人应按招标文件中规定的报价方式报价。

1）国产的货物及其有关的报价应包括要向中华人民共和国政府缴纳的增值税和其他税。

2）在中华人民共和国境内提供的进口货物及其有关服务的报价应包括要向中华人民共和国政府缴纳的关税、增值税和其他税。

3. 投标人资格的证明文件

1）投标人应提交证明其有资格参加投标和中标后有能力履行合同的文件，并作为其投标文件的一部分。

2）投标人应符合招标文件商务需求中规定的资格标准。

4. 证明货物的合格性和符合招标文件规定的文件

1）投标人应提交证明文件证明其拟供的合同项下的货物和服务的合格性符合招标文件规定，该证明文件作为投标文件的一部门。

2）证明货物和服务与招标文件的要求相一致的文件，可以是文字资料、图样和数据。

5. 投标文件的式样和签署

1）投标人应准备一份投标文件正本和贰份副本，每套投标文件须清楚地标明"正本"或"副本"。若正本和副本不符，以正本为准。

2）投标文件正本需打印，并由投标人或经正式授权并对投标人有约束力的代表在投标文件上签字。授权代表须将以书面形式出具的"授权证书"附在投标文件中。投标文件的副本可采用正本的复印件。

四、投标文件的递交

1. 投标文件的密封和标记

为方便开标唱标，投标人应将投标一览表单独密封提交，并在信封上标明"投标一览表"字样。投标人应将投标文件密封装在信封中。投标文件密封封口处须加盖单位公章。

2. 投标截止期

1）招标采购人于开标会当场接收投标文件。

2）招标采购人收到投标文件的时间不迟于投标截止时间。

3. 投标文件的修改和撤回

1）投标人在递交投标文件后，可以修改或撤回其投标，但必须在投标截止期前，书面通知招标采购人。

2）在投标截止期后，投标人不得对其投标做任何修改。

五、开标与评标

1. 开标

1）招标采购人在开标时间于开标地点（＊＊＊学校＊＊楼＊＊会议室）组织公开开标。开标时需有投标人代表参加。参加开标的代表应签名报到以证明其出席。

2）开标时，招标采购人当众宣读投标人名称、投标价格、折扣声明以及招标采购人认为合适的其他内容。

2. 评标

1）评标合理，低价中标。

2）首先对每个投标人进行符合性检查，内容参照货物需求一览表。

3）评标委员会将根据货物需求一览表的要求对每家投标人的投标设备的技术参数进行评议。

4）只有通过符合性检查、技术评议的投标人进入价格评议。

5）投标价最低者为预中标。

六、授予合同

1. 签订合同

1）中标方应按招标采购人指定的时间、地点与采购人签订合同。

2）"招标文件"、中标方的"投标文件"均为签订经济合同的依据。

2. 接受和拒绝任何或所有投标的权利

招标采购人保留在授标之前任何时候接受或拒绝任何投标，以及宣布招标程序无效或拒绝所有投标的权利，对受影响的投标人不承担任何责任。

附　件

1. 投标书

致：******学校

根据贵方为_____项目招标采购货物及服务的投标邀请，签字代表（<u>姓名、职务</u>）经正式授权并代表投标人（<u>投标人名称、地址</u>）提交下述文件正本一份及副本____份。

1）投标书；

2）投标一览表；

3）投标价格表（包括分项报价表）；

4）售后服务计划；

5）投标资格证明文件；

6）投标货物符合"招标文件"规定的证明文件，及投标方认为需加以说明的其他内容。

据此函，签字代表宣布同意如下：

1）投标价格表中规定的应提交和交付的货物投标总价为<u>（注明币种，并用文字和数字表示投标总价）</u>。

2）投标人将按招标文件的规定履行合同责任和义务。

3）投标人已详细审查全部招标文件，包括修改文件（如果有的话）。我们完全理解并同意放弃对这方面有不明及误解的权力。

4）本投标有效期为开标日起九十个日历日。

5）投标人同意提供贵方可能要求的与其投标有关的一切数据或资料。

6）与本投标有关的一切正式往来信函请寄：

地址：_____

电话：_____传真：_____

投标人名称：_____
投标人代表签字：_____
公章：_____
日期：_____

2. 投标一览表

投标人名称：_____

项目名称	货物产地	投标总价	交货期	备注

投标人代表签字：_____　　单位盖章：_____

注：此表应按"投标人须知"的规定密封标记单独提交。

3. 商务偏离表

需求名称	招标文件商务条款	投标单位商务条款
资质要求	1. 供应商必须是在**市注册的公司 2. 注册资金100万元（含100万元）以上 3. 至少拥有两个同类型的客户，拥有三名技术人员及相应的工作场地 4. 照章纳税，提供相应的纳税证明，没有不良记录 5. 具备相关经营范围，须提供加盖公章的营业执照副本复印件（原件备查）	
交货时间及地点	*****学校 打印机硒鼓必须在要求送货的当天送货到学校	
报价方式	1. 投标报价以人民币为结算单位，为普通发票价格，包括运至合同指定地点的运输费、装卸费、安装调试费等 2. 若在合同期内产品价格发生重大调整，双方本着友好合作的精神协商处理	
付款方法	投影配件费用每月结算一次，打印耗材及其他项目每学期结算一次	
合同期限	合同期限为两年，自****年**月**日起至****年**月**日止。本协议期满，合同自行终止	
售后服务	1. 提供的投影灯泡必须为原装正品，提供原厂证明、原包装和说明书。灯泡的保修时间为不少于六个月 2. 送话器、功放必须提供原厂证明，保修期一年 3. 所有音响设备必须提供正品，并提供备用音响保证教学使用 4. 投影屏幕必须提供原厂证明，保修期两年 5. 打印机硒鼓加粉必须到**市主要的硒鼓加粉厂去加粉；新硒鼓必须是原厂生产的产品，提供原包装及相关证明材料	

学一学：

知识1　招标文件的内容

招标文件是招标人向供应商或承包商贩提供为编写投标书所需的资料，并向其通报招标投标将依据的规则和程序等内容的书面文件。招标人或其委托的招标代理机构就应根据招标项目的特点和要求编制招标文件。

1. 招标文件的内容分类

1）关于编写和提交投标文件的规定，写入这些内容的目的是尽量减少符合资格的供应商或承包商由于不明确如何编写投标文件而处于不利地位或其投标遭到拒绝的可能性。

2）关于投标文件的评审标准和方法，这是为了提高招标过程的透明度和公平性，因而是非常重要的，也是必不可少的。

3）关于合同的主要条款，其中主要是商务性条款，有利于投标人了解中标后签订的合同的主要内容，明确双方各自的权利和义务。其中，技术要求、投标报价要求和主要合同条款等内容是招标文件的内容，统称实质性要求。所谓招标文件实质性响应招标文件的要求，就是投标文件应该与招标文件的所有实质性要求相符，无显著差异或保留。如果投标文件与招标文件规定的实质性要求不相符，即可认定投标文件不符合招标文件的要求，招标人可以拒绝该投标，并不允许投标人修改或撤销其不符合要求的差异或保留，使之成为实质性响应的投标。

2. 招标文件包括的内容

1）招标人须知。这是招标文件中反映招标人的招标意图，每个条款都是投标人应该知晓和遵守的规则的说明。

2）招标项目的性质、数量。

3）技术规格。招标项目的技术规格或技术要求是招标文件中最重要的内容之一，是指招标项目在技术、质量方面的标准，如一定的大小、轻重、体积、精密度、性能等。技术规格或技术要求的确定，往往是招标能否具有竞争性，达到预期目的的技术制约因素。因此，世界各国和有关国际组织都普遍要求，招标文件规定的技术规格应采用国际或国内公认、法定标准。

4）招标价格的要求及其计算方式。投标报价是招标人评标时衡量的重要因素，因此招标人在招标文件中应事先提出报价的具体要求及计算方法。如在货物招标时，国外的货物一般应报到岸价（CIF）或运费保险付至目的地的价格（CIP），国内的现货、制造或组装的货物，包括以前进口的货物报出厂价（Exworks）（出厂价或货架交货价）。如果要求招标人承担内陆运输、安装、调试或其他类似服务的话，比如供货与安装合同，还应要求投标人对这些服务另外提出报价。在工程招标时，一般应要求招标人报完成工程的各项单价和一揽子价格，该价格中应包括全部的关税和其他税。招标文件中应说明招标价格是固定不变的，还是采取调整价格。价格的调整方法及调整范围应在招标文件中明确。招标文件中还应列明投标价格的一种或几种货币。

5）评标的标准和方法。评标时只能采用招标文件中已列明的标准和方法，不得另定。

6）交货、竣工或提供服务的时间。

7）投标人应当提供的有关资格和资信证明文件。

8）投标保证金的数额或其他形式的担保。在招标投标程序中，如果投标人投标后擅自撤回招标，或者投标被接受后由于投标人的过错而不能执行合同，那么招标人就可能遭受损失（如重新进行招标的费用和招标推迟而造成的损失等）。因此，招标人可以在招标文件中要求投标保证金或其他形式的担保（如抵押、保证等），以防止投标人违约，并在投标人违约时得到补偿。投标保证金可以采用现金、支票、信用证、银行汇票,也可以是银行保函等。投标保证金的金额不宜太高,现实操作中一般不超过投标总价的2%,以免影响投标人的积极性。中标人确定后,对落标的投标人应及时将其投标保证金退还给他们。

9)投标文件的编制要求。

10)提供投标文件的方式、地点和截止时间。

11)开标、评标的日程安排。

12)主要合同条款。合同条款应明确将要完成的工程范围、供货的范围、招标人与中标人各自的权利和义务。除一般合同条款之外,合同中还应包括招标项目的特殊合同条款。

知识2　投标书制作的注意事项

投标文件(简称投标书)制作不当,不仅会成为无效标,而且容易产生废标(因为《政府采购法》规定,当符合专业条件的供应商或者对招标文件作实质性响应的供应商不足三家的,就应予废标),更重要的是投标书,还是评标的主要依据,是事关投标者能否中标的关键要件。

1. 投标书一般的结构

投标文件的组成包括投标文件的编制格式和顺序、报价表格的形式、递交投标文件的格式及密封的要求、费用分担的内容、保证金的金额和形式等,是整个投标的主体部分。至于评标的标准就是在做标书时应该注意的和要深入考虑到的,也是直接影响标书质量的关键所在;对于授权合同应该着重看里面的合同是如何签订生效、合同的变更要求、拒绝投标的权利和如何发送中标通知书等;最后是合同条款,千万不要认为这部分内容是在中标以后再去细看的,其实里面包含了你的开竣工时间、付款方式、验收、服务及保修的要求,这恰恰是整个标书的一个中心,时刻提醒你的标书内容要围绕着合同条款上的规定去完成。

2. 制作标书要有时间观念

因为这是个严格控制时间的过程,从发放标书到投标结束都不能有半点的迟到现象,否则被视为废标或弃标,因此制作投标书时的几个时间控制点应该把握:发放标书的时间(有的是购买标书的时间)、投标截止日期(一般精确到几时及分)、开标的时间、投标有效期、投标保证金的交纳时间和有效期。

3. 制作投标书过程中需要注意的一些问题

在投标过程中对一些重要问题往往都经过专业人员再三考虑,一般都特别注意和仔细,但一些很容易做到的、很细小的环节就疏忽了,这样标书做的再好再完美也可能因为一个没有注意到的细节而导致全盘皆输,这些小细节表现在以下几点:

1)标书未按照文件里规定的要求密封及盖密封章。

2)未在招标文件里指定的地方加盖公章、法人公章和专业资格章(有时甚至会要求你在所有投标文件的每一页右下角都来个法人公章小签,所以稍不留神就忽略了)。

3)投标书的资料不全,如漏页或表格中漏填、漏项。

4)投标单位的名称、法人及一些管理人员的资质证件与登记表格中不相符合的。

5)投标书装订不整齐、缺页、前后颠倒、缺少页码或目录等都是平时容易遗漏的地方。

子任务五 处理投诉

要认识到顾客投诉其实是我们的财富，一个没有顾客投诉的企业只能说明顾客对该企业已经失望，顾客投诉其实是在为我们出谋划策，帮我们改正工作的不足。找出顾客投诉的原因，处理好顾客投诉，企业才会更有竞争力。处理顾客投诉需要技巧，但最重要的是要找到顾客投诉的原因，只有找到顾客投诉的原因，才能处理好顾客投诉。

下面是一例服务投诉案例，请找出错误之处并指出正确方法。

拨打热线客户为A，客户服务人员为B。

◆B：你好！

A：你好，我是××的一个用户……

◆B：我知道，请讲！

A：是这样，我的手机这两天一接电话就断线……

◆B：那你是不是在地下室，所以接收不好呀。

A：不是，我在大街上都断线，好多次了……

◆B：那是不是你的手机有问题呀？我们不可能出现这种问题！

A：我的手机才买了三个月，不可能出问题呀。

◆B：那可不一定，有的杂牌机刚买几天就不行了。

A：我的手机是爱立信的，不可能有质量问题……

◆B：那你在哪买的？就去哪看看吧，肯定是手机的问题！

A：不可能！如果是手机有问题，那我用×××的卡怎么就不断线呀？

◆B：是吗？那我就不清楚了。

A：那我的问题怎么办呀？我的手机天天断线，你给我交费呀！

◆B：你这叫什么话呀？凭什么我交费呀？你有问题，在哪买的你就去哪修呗！

A：你这叫什么服务态度呀？我要投诉你！……

◆B：（挂断电话）

点评分析：

这是一个投诉失败的案例，在整个这段对话当中，客户服务人员都犯了哪些错误呢？

错误之处：

正确回答：

学一学：

一、了解投诉产生的原因

1. 因商品质量问题引起顾客投诉

1）商品质量不良，如数码相机耗电大；U盘不能格式化；音响的声音有杂音等。
2）商品标识不全。
3）制造上的瑕疵，如数码相机的显示屏上有亮点或黑点；外壳上有划痕。
4）污损、破损，如衬衫上有污点；半打装的玻璃杯中有一个已经破裂。

2. 因服务人员服务方式、态度引起顾客投诉

1）应对不得体。如不顾顾客的反应，一味地推荐；只顾自己聊天，不理会顾客的招呼；在为顾客提供服务后，顾客又不买了，马上板起面孔，给顾客脸色；说话没有礼貌，过于随便。
2）销售方式不当。如硬性推销，强迫顾客购买；对于商品的相关知识不足，无法满足顾客的询问。
3）商品标识与内容不符。如标签上标识着红色的毛巾，回家拆开后才发现里面装的是蓝色毛巾；买了5个，却发现盒子里面只有4个。
4）价格标识与实际不符。如价格标牌上写的是促销的价格，但扫描显示却是正常的价格；价格标牌上写的是一种价格，但扫描显示是另一种价格。
5）对收银的抱怨。如少找了零钱给顾客；多扫描了商品，多收了顾客的钱；收银速度太慢。
6）不遵守约定。如顾客依照约定的日期前来提货，却发现商品还没有到。
7）运送不当。如送货送得太迟；送错了地方；运输途中把商品损坏了。

3. 对购物场所环境、设施的抱怨

1）一个好的购物环境能吸引更多的顾客。
2）缺乏安全感。地板太滑，导致小孩摔跤；人太多，被小偷偷了钱包；扶手电梯突然停电。
3）购物环境不便利。卖场灯光太暗；不通风；夏天空调不够大，太热。
4）服务设施不合理。比如，顾客必须先上五楼家电区域，才能下到一楼的配附件区域。

二、处理顾客投诉

现在市场竞争越来越激烈了，商品同质化，价格竞争白热化，顾客也越来越挑剔，再好的企业也会遇到顾客投诉，怎样有效地处理顾客投诉是每一个负责任的企业都必须面对的问题。作为顾客去投诉，很重要的一点是需要得到问题的解决，此外顾客还希望得到企业的关注和重视。有时顾客不投诉，是因为他不相信问题可以得到解决或者说他觉得他的投入和产出会不成比例，而投诉的客户往往是忠诚度很高的客户。总之，有效地处理顾客投诉，能有成效地为企业赢得客户的高度忠诚。

情景训练　某商场顾客因为数码相机质量问题要求退换货

以下是服务人员在处理投诉时的对话：

◇这是你使用不当造成的，不属于质量问题，所以不能退换。
◇是不是质量问题需要专业权威部门检测后才能判断，你先去找他们鉴定吧！
◇这么小的问题哪用得着退换啊？
你认为以上服务人员的处理方式对吗？
错误之处：——————————————————————————————————————

——

正确的处理方法：——————————————————————————————————

——

练一练：

1. 顾客因质量问题要求退换货，导购应该如何接待？
2. 如果顾客提出要退货，你如何才能说服他改为换货？

读一读：

一、处理投诉的方法

1）对于家电数码产品卖场来说，顾客退换家电数码产品是经常发生的事情。当顾客因质量问题要求退换货时，导购的接待一定要礼貌、热情，绝对不可与顾客在卖场发生争执与冲突，以免影响场内其他顾客的消费，以及影响卖场在顾客心目中的形象。只要导购处理得当，说不定反而能增加几个忠诚顾客。

2）面对因为质量问题要求退换货的顾客，导购首先应该向顾客道歉，请求原谅，并向顾客实事求是地澄清事情的原委。

3）如果符合退换货规定且卖场有现货可更换的，应给予换货。

4）卖场内若有小赠品，也可赠予顾客作为对其造成不便的弥补，以尽量消除顾客的不满。

5）对于不能退换的商品，要耐心解释，说明不能退换的原因。只要导购处理时态度诚恳，大多数消费者都能接受换货。当顾客坚持退货时，导购则应依照店规办理。

二、处理顾客投诉的步骤

1）受理投诉：详细听取和记录顾客的意见与要求，并且根据情况反映到相关部门。

2）处理投诉：调查和处理顾客反映的问题，与顾客一起找出解决办法，消除顾客的不满。

3）改进措施：分析投诉原因，落实责任人，提出并且落实相关的改进措施。

4）坚持原则：能维修的尽量不退换货、能换货的尽量不退货、顾客坚决退货才退货。

实例介绍：

例一 导购："先生，很抱歉！我们的产品出现了问题给你带来了麻烦。不过请你放心，一般出现质量问题时，7日内包退，15日内可以包换，如在保修期之内一年出现三次质量问题，也是可以退换货的。请问你的具体情况是怎么样的呢？"

例二 导购:"很抱歉,我们为产品出现了这样的问题给你造成的不便表示歉意!这款产品是经过××技术处理的,正常情况下不会出现这种现象,但任何事情都没有绝对的,这台机子就恰好出现了问题。既然出现了问题我们就一定会负责到底,这方面请你放心!你需要换那一款,我立即给你换一台新的,好吗?"

例三 导购:"小姐,对于你遇到的这种情况,我们也觉得很遗憾!我们承认产品是存在一些质量上的小问题,但不会影响产品的正常使用。新产品有个磨合期是正常的,而且出现的这个小问题是很容易解决的。所以,我们会尽快派售后服务人员免费为您维修妥当。你觉得如何呢?"

【知识拓展】:美国白宫全国消费者调查统计

即便不满意,但还会在你那儿购买商品的客户有多少?
不投诉的客户 9%　　　　(91%不会再回来)
投诉没有得到解决的客户 19%　　　(81%不会再回来)
投诉过但得到解决的客户 54%　　　(46%不会再回来)
投诉被迅速得到解决的客户 82%　　　(18%不会再回来)

4%的不满意客户会向你投诉,96%的不满意客户不会向你投诉,但是会将他的不满意告诉16~20人。在这96%的人背后会有10倍的人对你的企业不满,但是只有4%的人会向你说。因此,有效处理客户的投诉,能有效地为你的企业赢得客户的高度忠诚。

从美国白宫全国消费者调查统计发现:不投诉的客户有9%会回来,投诉没有解决的客户有19%会回来,投诉没有得到解决但还会回来,是什么原因呢?客户有受尊重的需求,投诉尽管没有得到解决,但他受到了企业的重视。

例如你对餐馆菜的质量不满意,什么也没说结完账就走了,以后再也不会来了。而有些客人则会提出菜炒得太咸或环境太差,服务员则会解释:"可能您的口味比较淡,我下次给您推荐一些口味比较清淡的菜;环境以后也会改变,很快要进行装修。谢谢您提出的宝贵意见。"实际上这位客人的问题没有得到解决,但是他可能还会再来吃饭,因为他受到了重视,所以,投诉没有得到解决的人比不投诉的人回来的比率会高出10个百分点。

投诉得到解决的会有54%的客户会回来,继续在这家企业里消费,有46%的人不会再回来,而投诉被迅速得到解决的,有82%的客户愿意继续在这家企业消费,有18%的人不会再回来。这个调查统计分析说明,企业需要客户投诉。客户投诉的意义就在于有效地处理客户的投诉,把投诉所带来的不良影响降到最低点,从而维护企业自身的高大形象。

当顾客购买商品时,对商品本身和企业的服务都抱有良好的愿望和期盼值,如果这些愿望和要求得不到满足,就会失去心理平衡,由此产生的抱怨和想"讨个说法"的行为,这就是顾客的投诉。

读一读:处理客户投诉的原则

1. 先处理情感,后处理事件

顾客都是需要尊重的,尤其是他来投诉的时候。耐心地倾听顾客的抱怨,分析顾客抱怨的原因。

只有认真听取顾客的抱怨,才能发现其实质性的原因。一般的客户投诉多数是发泄性的，情绪都不稳定，一旦发生争论，只会更加火上加油，适得其反。处理客户投诉的真正原则是：开始时必须耐心地倾听客户的抱怨，避免与其发生争辩，先听他讲。

2. 想方设法地平息顾客的抱怨

由于顾客的投诉多数属于发泄性质，只要得到店方的同情和理解，消除了怨气，心理平衡后事情就容易解决了。因此，作为一名营业员，在面对顾客投诉时，一定要设法搞清楚客户的怨气从何而来，以便对症下药，有效地平息顾客的抱怨，正确及时解决问题。

对于顾客的抱怨应该及时正确地处理，拖延时间，只会使顾客的抱怨变得越来越强烈，顾客感到自己没有受到足够的重视。例如，顾客抱怨产品质量不好，企业通过调查研究，发现主要原因在于顾客的使用不当，这时应及时地通知顾客维修产品，告诉顾客正确的使用方法，而不能简单地认为与企业无关，不予理睬，虽然企业没有责任，这样也会失去顾客。如果经过调查，发现产品确实存在问题，应该给予赔偿，尽快告诉顾客处理的结果。

3. 要站在顾客的立场上来将心比心

漠视客户的痛苦是处理客户投诉的大忌。非常忌讳客户服务人员不能站在客户的立场上去思考问题。服务人员必须站在顾客的立场上将心比心，诚心诚意地去表示理解和同情，承认过失。因此，对所有的客户投诉的处理，无论已经被证实还是没有被证实的，都不是先分清责任，而是先表示道歉，这才是最重要的。

4. 迅速采取行动

体谅客户的痛苦而不采取行动是一个空礼盒。比如"对不起，这是我们的过失。"不如说"我能理解给您带来的麻烦与不便，您看我们能为您做些什么呢？"客户投诉的处理必须付诸行动，不能单纯地同情和理解，要迅速地给出解决的方案。

情景训练　某商场顾客投诉某品牌维修服务网点太少

以下是服务人员在处理投诉时的对话：
◇我们的维修网点不算少啊！
◇你放心，我们公司会考虑增加服务网点的。
◇我们的产品质量都很好，就算服务网点少一些也没关系啦！
你认为以上服务人员的处理方式对吗？
错误之处：_____
_____
_____

正确的处理方法：_____
_____
_____

练一练：

1. 维修服务网点太少会给顾客带来哪些不便？
2. 你如何有效解决维修网点太少的投诉？

情景分析：

1）一般家电的使用期限都在8年以上，一些数码产品使用期限可能更长。产品在使用期间出现各种故障和毛病在所难免。

2）现在卖家电和数码产品的店铺越来越多，但从事这方面维修的店铺却没有成比例地增加。

3）令顾客最烦躁的就是很多家电数码产品店都只管卖货不管维修，售后服务跟不上。其中维修的服务网点太少，不能及时提供维修服务，是顾客投诉的主要原因之一。

4）在处理顾客关于服务网点太少的投诉时，导购千万不要企图狡辩、强辩，这样只能让事情更加糟糕。导购当务之急就是要诚恳道歉，平息对方的情绪；然后导购让对方发泄不满，吐尽所有的苦水，顾客"发泄"完毕后心里自然会好受一些；最后导购再进行入情入理的解释和说明，让顾客感觉到自己受到了尊重，而且自己投诉的问题会尽快得到解决。

方法技巧：

处理顾客投诉维修服务网点太少的技巧：

1）道歉：以诚恳的道歉平息顾客的情绪。

2）倾听：耐心倾听顾客发泄心中的不满。

3）解决：提供合理的解释和妥善的解决方案。

实例介绍：

例一 导购："先生，真的很抱歉！因为我们的工作不到位，造成了你的不便。你可以将你遇到的情况告诉我吗？"

顾客："我们这个城市这么大你们却只设置几个维修服务网点。我的冰箱最近出了毛病……"

导购："真的对不起！我们在布置维修服务网点时，过于考虑服务站的经济效益，所以导致布点有点不均匀。我们公司已经意识到这一点了，而且还制订了具体的改进措施，相信再过半年情况肯定会有所好转的。请问你有没有相关的好建议提供给我们，以便我们日后改进？"

顾客："你们……"

导购："非常感谢你的建议！我会尽快反馈给公司的。谢谢你，再见！"

例二 导购："小姐，对不起！我们有些地方做得不够好给你造成麻烦了。你现在的心情我很理解！你能告诉我具体的情况吗？"

顾客："我……"（导购耐心听顾客发泄不快）

导购："对于售后服务网点的设置，我们确实存在失误，这一点还希望你能谅解！其实我们已经在寻求解决的办法，并且准备采用一些变通的方式，例如将一些信誉较好的维修点作为我们的特约维修点，委托他们维修我们品牌的产品。这个方式我们已经在试点了，如果可行的话很快就会推广开来，相信这个问题很快会得到解决的，你就放心吧！"

讨论时刻

请讨论：结合上述两则案例，讨论以上案例当中的对话是否合适，并将讨论的结果如实记录下来。

读一读：客户投诉的处理技巧

如果一个投诉没有得到很好的处理，客户会转而购买竞争对手的产品，客户也会将他的不愉快经历转告亲朋与同事。没有客户投诉时会是高兴，热情的。但当有投诉时，我们有责任认真对待，并让客户感到他是受欢迎的并且他对企业来讲是非常重要的客户。

1. 从倾听开始

倾听是解决问题的前提。在倾听投诉客户的时候，不但要听他表达的内容还要注意他的语调与音量，这有助于你了解客户语言背后的内在情绪。同时，要通过解释与澄清确保你真正了解了客户的问题。

2. 认同客户的感受

客户在投诉时会表现出烦恼、失望、泄气、发怒等各种情感。你不应当把这些表现当做是对你个人的不满。特别是当客户发怒时，你可能心里会想："凭什么对着我发火？我的态度这么好。"要知道愤怒的情感通常都会潜意识地通过一个载体来发泄，因此对于愤怒，客户仅是把你当成了倾听对象。

客户的情绪是完全有理由的，是理应得到极大的重视和最迅速、合理的解决的。所以让客户知道你非常理解他的心情，关心他的问题。

"邓先生，对不起让您感到不愉快了，我非常理解您此时的感受。"

无论客户是否是对的，至少在客户的世界里，他的情绪与要求是真实的，我们只有与客户的世界同步，才有可能真正了解他的问题，找到最合适的方式与他交流，从而为成功的投诉处理奠定基础。

我们有时候会在说道歉时很不舒服，因为这似乎老是在承认自己有错。说声"对不起"、"很抱歉"并不一定表明你或公司犯了错误，这主要表明你对客户不愉快经历的遗憾与同情。不用担心客户会因得到你的认可而越发的强硬，表示认同的话会将客户的思绪引向关注问题的解决。

3. 表示愿意提供帮助

"让我看一下该如何帮助您。""我很愿意为您解决问题。"

正如前面所说，当客户正在关注问题的解决时，我们体贴地表示乐于提供帮助，自然会让客户感到安全、有保障，从而进一步消除对立情绪，取而代之的是依赖感。问题澄清了，客户的对立情绪减低了，我们接下来要做的就是为客户提供解决方案。

4. 解决问题

针对客户投诉，每个公司都应有各种预案或解决方案，在提供解决方案时要注意以下几点。

（1）为客户提供选择　通常一个问题的解决方案都不是唯一的，给客户提供选择会让客户感到受尊重，同时，客户选择的解决方案在实施的时候也会得到来自客户方的更多认可和配合。

（2）诚实地向客户承诺　能够及时地解决客户的问题当然最好，但有些问题可能比较复杂或特殊，不确信该如何为客户解决。如果你不确信，不要向客户作任何承诺。而是诚实地告诉客户情况有点特别，你会尽力帮客户寻找解决的方法但需要一点时间。然后约定给客户回话的时间，一定要确保准时给客户回话。即使到时你仍不能帮客户解决，也要准时打电话向你的客户解释问题进展，表明自己所做的努力，并再次约定给客户答复的时间。同向客户承诺你做不到的事相比，你的诚实会更容易得到客户的尊重。

（3）适当的给客户一些补偿 为了弥补公司操作中的一些失误，可以在解决客户问题之外给一些额外补偿。但要注意的是：一是先将问题解决，二是改进工作要避免今后发生类似的问题。现在有些处理投诉的部门，一有投诉首先想到用小恩小惠去息事宁人，或是一定要靠投诉才给是正常途径下应该得到的客户利益，这样不能从根本上减少问题的发生，反而造成了错误的期望。

想一想：你在现实生活当中遇到过投诉吗？

练一练：讲述你看到的或者亲身体会的投诉案例，供同学们讨论。

案例介绍：

为什么买香草冰淇淋汽车就会出故障？

有一天美国通用汽车公司的庞帝雅克（Pontiac）部门收到一封客户抱怨信，上面是这样写的：这是我为了同一件事第二次写信给你，我不会怪你们为什么没有回信给我，因为我也觉得这样别人会认为我疯了，但这的确是一个实事。

我们家有一个传统的习惯，就是每天在吃完晚餐后，都会以冰淇淋来当饭后甜点。由于冰淇淋的口味很多，所以我们家每天在饭后投票决定要吃哪一种口味，等大家决定后我就会开车去买。但自从最近我买了一部新的庞帝雅克后，在我去买冰淇淋的这段路上问题就发生了。

你知道吗？每当我买的冰淇淋是香草口味时，我从店里出来车子就不发动。但如果我买的是其他的口味，车子发动就顺得很。我要让你知道，我对这件事情是非常认真的，尽管这个问题听起来不可思议。

实事上庞帝雅克的总经理对这封信还真的心存怀疑，但他还是派了一位工程师去查看究竟。当工程师去找这位仁兄时，很惊讶地发现这封信是来自一位事业成功、乐观且受了高等教育的人。工程师安排与这位仁兄的见面时间刚好是在用完晚餐的时间，两人于是一个箭步跃上车，往冰淇淋店开去。那个晚上投票结果是香草口味，当买好香草冰淇淋回到车上后，车子又出故障了。这位工程师之后又依约来了三个晚上，第一晚，巧克力冰淇淋，车子没事。第二晚，草莓冰淇淋，车子也没事。第三晚，香草冰淇淋，车子出故障了。

这位工程师，到目前还是不相信这位仁兄的车子对香草过敏。因此，他仍然不放弃继续安排相同的行程，希望能够将这个问题解决。工程师开始记下从开始到现在所发生的种种详细资料，如时间、车子使用油的种类、车子开出及开回的时间……根据资料显示他有了一个结论，这位仁兄买香草冰淇淋所花的时间比其他口味的要少。

为什么呢？原因出在这家冰淇淋店上，因为香草冰淇淋是所有冰淇淋中最畅销的，店主为了让顾客每次都能很快地取拿，将香草口味特别分开陈列在单独的冰柜，并将冰柜放置在店的前端，至于其他口味则放置在距离收银台较远的后端。

现在，工程师所要知道的疑问是，为什么这部车会因为从熄火到重新发动的时间较短时就会出故障？原因很清楚，绝对不是因为香草冰淇淋的关系，答案应该是"蒸气锁"。因为当这位仁兄买其他口味时，由于时间较久，引擎有足够的时间散热，重新发动时就没有太大的问题。但是买香草口味时，由于花的时间较短，引擎太热以至于还无法让"蒸气锁"有足够的散热时间。

> **讨论时刻**
>
> 请讨论：结合上述案例，讨论一下自己对投诉又有了哪些新的认识，并将讨论的结果如实记录下来。

_____
_____
_____
_____

读一读：售后服务常见的投诉原因

1. 对屡次维修不满

产品出故障，顾客肯定会不满，一次又一次地维修同一故障，顾客对技术的信任性和对公司的形象会转向恶化，这都是理所当然的，再修理是破坏公司形象的决定性因素。

2. 品质或功能上的问题

"你们公司就只有这水平吗？""这产品本来就这样经常出故障吗？""一样价格的别的产品都有这样的功能……"等。

这样的不满也对公司有影响，看情况应答要妥当。

3. 顾客表示对我们的技术有怀疑

因产品故障的不同，维修程度的不同，有时会出现长时间的维修，可是顾客理解的不是"为了完善而修理"，而是"这人是技术人员吗？"或者是"机器是不是有大问题啊？"。

4. 售后服务人员态度差

售后服务人员在较长时间内没有为顾客解决问题，顾客就会将不满的情绪发泄到企业的客服、维修点的维修人员身上。如果双方不理性的话，就容易导致问题升级。

5. 售后服务不及时

顾客购买的家电产品出现质量问题影响了日常的正常使用，如果还维修不及时，肯定会导致顾客对家电产品的品牌产生怀疑和不信任，从而导致顾客投诉。

6. 维修收费不合理

家电产品的品牌厂商对于配件及维修费都有一个明确的收费标准，但由于目前多数品牌产品的售后服务都以特约维修外包形式为主，这些特约维修点在承担产品售后服务的同时，往往会从个人的利益出发，变相地提高配件及维修费价格，从而获取更多的利益。这种乱收费的现象会直接影响到用户对产品的生产企业售后服务的评价，从而影响到企业在用户心目中的形象。

练一练：

情景一　拿起电话，用户就说不满

"您好！什么机器？电话？地址？4点钟会给您上门的。"这样着急的挂电话，会使顾客的反感更大。

请你对以上的对话进行分析：_____
_____
_____

想一想：如何应对以上用户的不满？
_____
_____

情景二　没按时上门，用户发火

想一想与朋友的约会，约定时间内不出现的朋友是不是又可气又可恨呢？

可是我们和顾客的约定呢？因产品故障，顾客牺牲一部分时间等我们，原则是100%按时上门，如果因某种情况不能按时上门，要再约时间做好上门服务。

想一想：你会采用哪些方式来安慰顾客？
_____
_____

情景三　顾客对维修费不满

很多顾客认为服务就是免费，对维修费不满首先耐心地听完顾客的话，安定好顾客的心，再说明费用的问题。

想一想：请分析并列举几个应对顾客对维修费不满的措施。
_____
_____

评一评：

任务检测与评估见表2-2。

表2-2　任务检测与评估

考核项目	考核要素	考核内容	评分范围/分	评分
工作业绩 60%	工作目标达成	1.	1~10	
		2.		

(续)

考核项目	考核要素	考核内容	评分范围/分	评分
工作业绩 60%	工作目标达成	3.	1~10	
		4.		
		5.		
工作能力 20%	业务能力、技术能力、创新能力、工作质量、工作效率、沟通主动性、其他	所有委派的工作能准确无误地完成，工作效率极高，业务、创新能力很强。工作有计划性且考虑问题全面。能够迅速准确领悟上级意图，积极主动和他人沟通，效果很好	9.1~10	
		工作质量、效率达到或略超岗位要求业务、创新能力中等或偏上。工作中偶有失误，能积极查找原因更正。能较好地领悟上级意图，能和他人沟通，效果较好	4.1~9	
		工作质量、效率低，创新意识差。工作中多次发生较大的差错，缺乏与他人沟通，经提醒教导仍无明显效果	1~4	
工作态度 10%	响应速度、严谨性、原则性、主动性、工作配合度、其他	工作态度积极端正，业绩迅速提高。对待工作认真严谨，一丝不苟，以身作则，办事雷厉风行，坚持原则，积极配合各岗位工作，具备优秀的团队合作意识	9.1~10	
		工作态度好，业绩不断提高。责任心强，响应速度快，能按规定时间完成工作任务。对事负责，自觉配合各岗位工作，具备良好的团队合作意识	4.1~9	
		工作态度较差，工作作风拖拉，需要经常催促。缺乏提高业务能力的意识和表现。原则性较差，工作出错不愿分析原因，常推卸责任。协助意识较差，明显的本位主义	1~4	
工作纪律 10%	组织纪律性、守法性、出勤率、其他(注：被考核人若缺勤超过2次，则此项得分不得超过9分，缺勤超过5次，则此项得分不得超过6分，依此类推)	组织纪律性很好，能严格遵守各种规章制度，并能带动他人共同遵守，无任何违反制度的记录	9.1~10	
		组织纪律性好，能自觉遵守各种规章制度。偶犯小错误，能虚心接受，及时改正	4.1~9	
		组织纪律性较差，多次违反各种规章制度，纠正态度差，无明显效果	1~4	

任务二　安装调试

良好的企业形象和信誉是企业的无形资产。企业要有良好的形象和信誉，除了能为顾客提供优质产品外，周到的售后服务也是必不可少的。大多数顾客对新型电子产品的安装和使用都不熟悉，在使用中可能造成这样或那样的麻烦，如果企业能够有良好的安装调试服务工作，及时解除顾客的麻烦，使顾客买时称心，用时放心，那就能得到客户的信赖和青睐，从而极大地提升企业的市场竞争力。

【任务设计】

某公司采购一套专业音响，请你上门完成设备的安装与调试一系列工作。

【任务要求】

1. 按照服务规范进行着装。
2. 按规范使用服务用语。
3. 熟练掌握电子产品的安装规范。
4. 熟练掌握电子产品的调试方法。

【任务实施】

情景训练：组合音响的安装与调试

某公司采购的音响设备有：专业功放三台、16 道调音台一台、DVD 视盘机一台、效果器一台、均衡器一台、分频器一台、低音音箱一对、全音音箱一对、监听音箱一对、无线送话器、视频矩阵、点歌器、32in 液晶电视机等，请你对以上设备进行合理安装和调试。

1. 实训目的

通过学习各种设备的功能与作用，掌握各种设备的安装和调试技术。

2. 所需工具及材料

万用表、斜口钳、螺钉旋具、电烙铁、三芯线、卡侬、莲花头、音箱线等。

3. 实训步骤

1）根据各种设备的功能画出设备之间的接线图。
2）选择连接头和线材，制作连接线。
3）根据接线图将所有设备连接起来。
4）通电调试设备。

4. 实训报告

把实训中的心得体会及遇到的问题记录下来，并与小组成员讨论。

学一学：

知识 1　DVD 视盘机的功能

DVD 的全称是 Digital Video Disc（数字视频光盘），现在称为"Digital Versatile Disc"，即"数字多用途光盘"，是 CD/LD/VCD/EVD 的后继产品。采用 MPEG2 图像数据压缩技术的 DVD 机是为适应人们对高画质的要求而开发的。由于采用 MPEG2 压缩标准，其图像清晰度达 500 线以上。DVD 光盘存储信息量大，可刻录多角度、多情节图像，特别适合体育比赛中不同角度（最多达 9 个）的观赏。其音频输出采用杜比 AC-3（5.1 声道）数码环绕声或 MPEG2 音频。

MPEG 音频有 MPEG1 音频和 MPEG2 两个标准。MPEG2 音频是为高清晰度电视（HDTV）和高质量数字音频广播推出的一种音频压缩编码方式，它增加了 5.1 声道功能和 8 通道多语音功能，可以重放5通道全频域的音频，即L（左）、R（右）、C（中置）、LS（左环绕）、LR（右环绕）。此外，它还增加了8通道语音功能和DOLBY向后兼容性。MPEG2音频还增加了24kHz、22.05kHz、16kHz的低采样频率，可提高低比特率时的压缩率。

AC-3是杜比数字环绕声的简称，它支持5.1通道（L、R、C、LS、LR及SW），量化精度为20bit，每通道的采样频率分别为32kHz、44.1kHz、48kHz，杜比数字环绕声（AC-3）也是利用人的听觉特性压缩声音的。

DVD信号输出接口介绍如下：

DVD常见的视频输出方式有复合视频信号（CVBS）、S视频信号、色差分量（Y Cr Cb 或 Y Pr Pb）、三基色等。有些高清DVD视盘机还有专用的高清输出端子如HDMI接口。DVD机常见输出接口如图2-31所示。

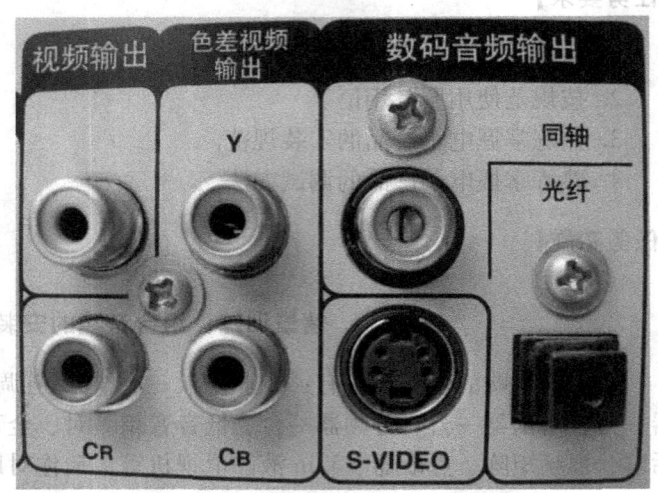

图2-31 DVD视盘机常见输出接口

1. 色差视频输出

色差视频输出又叫DVD分量视频信号输出或组合信号输出，色差端子是在S端子的基础上，把色度（C）信号里的蓝色差（Cb）、红色差（Cr）分开发送，其分辨率可达到600线以上，它用3个RCA端子（莲花插头）分别输出亮度信号Y（画质极高的黑白信号）、蓝色差信号Cb和红色差信号Cr。DVD视盘机上的色差输出端子共有3种不同的表示方法，这就是东芝与胜利（JVC）等机型上的Y、Cb、Cr和松下等机型上的Y、Pb、Pr及索尼机等型上的Y、B-Y、R-Y。尽管表示方法不同，但是表示的意义却完全相同。YPbPr表示逐行扫描色差输出，YCbCr表示隔行扫描色差输出。

现在很多电视类产品都是靠色差输入来提高输入信号品质。在RCA端口上亮度端口、蓝色差端口、红色差端口分别用绿、蓝、红三色端子加以区别。这三条线如果相互之间插错了，可能会显示不出画面，或者显示出奇怪的色彩来。色差分量接口是模拟接口，支持传送480i/480p/576p/720p/1080i/1080p等格式的视频信号，本身不传输音频信号。

2. HDMI输出

HDMI既可完成高清晰图象的传输也可以实现数字音频的传输，并且HDMI的传输采用的是无压缩传输技术，能够更完美地将高清晰视频和声音在显示设备上还原出来。该接口和相对应的匹配线如图2-32所示。

HDMI的英文全称是"High Definition Multimedia"，中文的意思是高清晰度多媒体接口。HDMI接口可以提供高达5Gbit/s的数据传输带宽，可以传送无压缩的音频信号及高分辨率视频信号。由于一个1080p的视频和一个8声道的音频信号需求少于4GB/s，因此HDMI还有很大余量。同时无需在信号传送前进行数-模或者模-数转换，可以保证最高质量的影音信号传送。应用HDMI的好处是：只需要一条HDMI线，便可以同时传送影音信号，而不像现在需要多条线材来连接，大大简化了家庭影院系统的安装。对消费者而言，HDMI技术不仅

图 2-32　HDMI 接口和匹配线

能提供清晰的画质，而且由于音频/视频采用同一电缆，足以应付一个 1080p 的视频和一个 8 声道的音频信号。HDMI 可用于机顶盒、DVD 视盘机、个人计算机、电视游乐器、综合扩大机、数位音响与电视机。

3. 音视频输出接口

1）CVBS：复合视频广播信号或复合视频消隐和同步。

CVBS 是将模拟的亮度信号和色度信号混合在一起，使用一根线来进行传输。

CVBS 是被广泛使用的标准，也叫做基带视频或 RCA 视频，是全国电视系统委员会（NTSC）电视信号的传统图像数据传输方法，它以模拟波形来传输数据。复合视频包含色差（色调和饱和度）和亮度（光亮）信息，并将它们同步在消隐脉冲中，用同一信号传输。

2）S-VIDEO：S 端子也是非常常见的端子（见图 2-31），其全称是 Separate Video，也称为 SUPER VIDEO。S-VIDEO 连接规格是由日本人开发的一种规格，S 指的是"SEPARATE（分离）"，它将亮度和色度分离传输，避免了混合视频信号传输时亮度和色度的相互干扰。S 端子实际上是一种五芯接口，由两路视频亮度信号、两路视频色度信号和一路公共屏蔽地线共五条芯线组成。

3）YUV：是被欧洲电视系统所采用的一种颜色编码方法（属于 PAL），是 PAL 和 SECAM 模拟彩色电视制式采用的颜色空间。在现代彩色电视系统中，通常采用三管彩色摄影机或彩色 CCD 摄影机进行取像，然后把取得的彩色图像信号经分色，分别放大校正后得到 RGB，再经过矩阵变换电路得到亮度信号 Y 和两个色差信号 R-Y（即 V）、B-Y（即 U），最后发送端将亮度和色差三个信号分别进行编码，用同一信道发送出去。这种色彩的表示方法就是所谓的 YUV 色彩空间表示，采用 YUV 色彩空间的重要性是它的亮度信号 Y 和色度信号 U、V 是分离的。

4）VGA：Video Graphics Array，即视频图形阵列，是使用模拟信号的一种视频传输标准，具有分辨率高、显示速率快、颜色丰富等优点。

5）同轴音频接口：Coaxial，标准为 SPDIF（Sony／Philips Digital InterFace），是由索尼公司与飞利浦公司联合制订的，在视听器材的背板上有 Coaxial 作标识，主要是提供数字音频信号的传输。它的接头分为 RCA 和 BNC 两种。数字同轴接口采用阻抗为 75Ω 的同轴电缆为传输媒介，其优点是阻抗恒定，传输频带较宽，优质的同轴电缆频宽可达几百兆赫。同轴数字传输线标准接头采用 BNC 头，其阻抗是 75Ω，与 75Ω 的同轴电缆配合，可保证阻抗恒定，确保信号传输正确。也就是说在传输的线材搭配上，应该是以适用于传输高频率数字信号的75Ω同轴线材作为搭配标准。

6）光纤：光纤是光导纤维的简写，是一种利用光在玻璃或塑料制成的纤维中的全反射原理而制成的光传导工具。微细的光纤封装在塑料护套中，使得它能够弯曲而不至于断裂。通常，光纤一端的发射装置使用发光二极管（Light Emitting Diode，LED）或一束激光将光脉冲传送至光纤，光纤另一端的接收装置使用光敏元件检测脉冲。

7）5.1声道：如图2-33所示，已广泛运用于各类传统影院和家庭影院中，一些比较知名的声音录制压缩格式，譬如杜比AC-3（Dolby Digital）、DTS等都是以5.1声音系统为技术蓝本的。在5.1声道系统里采用左（L）、中（C）、右（R）、左后（LS）、右后（RS）五个方向输出声音，使人产生犹如身临音乐厅的感觉。五个声道相互独立，其中".1"声道，则是一个专门设计的超低音声道，这一声道可以产生频响范围为20~120Hz的超低音。其实5.1声音系统来源于4.1环绕，不同之处在于它增加了一个中置单元，

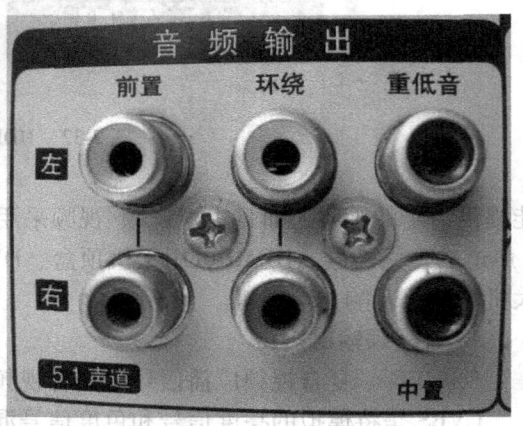

图2-33 5.1声道输出端子的实物图

这个中置单元负责传送低于80Hz的声音信号，在欣赏影片时有利于加强人声，把对话集中在整个声场的中部，以增加整体效果。

知识2 调音台的功能、安装与使用

调音台又称调音控制台，实物如图2-34所示，它将多路输入信号进行放大、混合、分配、音质修饰和音响效果加工，是现代电台广播、舞台扩音、音响节目制作等系统中进行播送和录制节目的重要设备。

一、调音台种类

调音台按信号出来方式可分为：模拟式调音台和数字式调音台。根据使用目的和使用场合的不同，调音台分为以下几种：

立体声现场制作调音台（Stereo Field Production Console）、录音调音台（Recording Console）、音乐调音台（Music Console）、数字选通调音台（Digital Routing Mixing Console）、带功放的调音台（Powered Mixer）、无线广播调音台（On Air Console）、剧场调音台（Theatre Console）、扩声调音台（P. A. Console）、有线广播调音台（Wired Broadcast Mixer）、便携式调音台（Compact Mixer）。

图2-34 调音台实物图

二、调音台的功能
1）调音台能够放大输入通道的信号，并且调整输入声音的均衡（EQ）等。
2）调音台可以把多路声音混合起来组成一个立体声。
3）调音台能为乐手和演员"返送"监听。
4）调音台协助效果器为各个通道添加混响、延迟等效果。
5）调音台把各通道的声音发送给多轨录音机或者音频接口分轨录音。
6）调音台能够可以让录音师很方便地监听所有通道的声音，并且不干扰这些通道。

三、调音台输入部分的插座、功能键
（1）卡侬插座 MIC 此即送话器插座，其上有三个插孔，分别标有 1、2、3。标号 1 为接地（GND），与机器机壳相连，把机壳作为 0 电平。标号 2 为热端（Hot）或称高端（Hi），它是传送信号的其中一端。标号 3 为冷端（Cold）或称低端（Low），它作为传输信号的另一端。由于 2 和 3 相对 1 的阻抗相同，并且从输入端看去阻抗低，所以称为低阻抗平衡输入插孔。它的抗干扰性强，噪声低，一般用于有线送话器的连接。

（2）线路输入端（Line） 它是一种 1/4in 三芯插座，采用 1/4in 大三芯插头（TRS）、尖端（Tip）、环（Ring）、套筒（Sleeve），作为平衡信号的输入，也可以采用 1/4in 大二芯插头（TS）作为非平衡信号的输入。其输入阻抗高，一般用于除送话器外的其他声源的输入插孔。

（3）插入插座（INS） 它是一种特殊使用的插座，平时其内部处于接通状态，当需要使用时，插入 1/4in 大三芯插头，将线路输入或送话器输入的声信号从尖端（Tip）引出去，经外部设备处理后，再由环（Ring）把声信号返回调音台，所以，这种插座又称为又出又进插座，有的调音台标成"Send/Return"或"in/out"插座。

（4）定值衰减（PAD） 按下此键，输入的声信号（通常是对 Line 端输入的声信号）将衰减 20dB（即 1/10 倍），有的调音台，其衰减值为 30dB。它适用于大的声信号输入。

（5）增益调节（Gain） 它是用来调节输入声信号的放大量，它与 PAD 结合可使输入的声信号进入调音台时处于信噪比高、失真小的最佳状态，也就是可调节该路峰值指示灯处于欲亮不亮的最佳状态。

（6）低切按键（100Hz） 按下此键，可将输入声信号的频率成分中 100Hz 以下的成分切除。此按键用于扩声环境欠佳、常有低频嗡嗡声的场合和低频声不易吸收的扩声环境。

（7）均衡调节（EQ） 它分为三个频段：高频段（H.F.）、中频段（M.F.）、低频段（L.F.），主要用于音质补偿。

1）高频段（H.F.）：倾斜点频率为 10kHz，提衰量为 -15dB，这个频段主要是补偿声音的清晰度。

2）中频段（M.F.）：中心频率可调，范围为 250Hz ~ 8kHz，峰谷点的提衰量为 -15dB，这个频段的范围很宽，补偿是围绕某个中心频率进行。若中心频率落在中高频段，提衰旋钮补偿声音的明亮度。若中心频率落在中低频段，提衰旋钮补偿声音的力度。

3）低频段（L.F.）：倾斜点频率为 150Hz，提衰量为 -15dB，这个频段主要用于补偿声音的丰满度。

（8）辅助旋钮（AUX1/AUX2/AUX3/AUX4） 调节这些辅助旋钮，等于调节该路声音送往相应辅助母线的大小。其中 AUX1 和 AUX2 的声信号是从推子（Fader）之前引出的，不受推子影响。AUX3 和 AUX4 的声信号是从该路推子（Fader）之后引出的，受推子大小调节的影响。前者标有 Pre，后者标有 Post。

（9）声像调节（PAN）　它用于调节该路声源在空间的分布图像。当往左调节时，相当于把该路声源放在听音的左边。当往右调节时，相当于把该路声源放在听音的右边。若把它置于中间位置时，相当于把该路声源放在听音的正中。实际上，这个旋钮是用来调节声源左右分布的旋钮，它对调音台创作立体声输出极为重要。

（10）衰减器（推子 Fader）　该功能键的调节起两方面作用：一方面用来调节该路声音在混合中的比例，往上推比例大，往下拉比例小；另一方面，用来调节该路声源的远近分布，往上推声音大，相当于将该路声源放在较近的位置发声，往下拉，声音小，相当于将该路声源放在较远的位置发声。它与 PAN 结合可创作出各个声源的空间面分布。调音台创作立体声输出，用的是 Fader 和 PAN 功能键。

（11）监听按键 PFL（Pre-Fade Listen）　用于衰减前的监听，按下它，将耳机插在调音台的耳机插孔便能听见该路推子前的声音信号。

（12）接通按键 On　按下它，该路声音信号接入调音台进行混合。

（13）L-R 按键　按下它，该路声音信号经推子、PAN 之后送往左右声道母线。

（14）1-2 按键　按下它，该路声音信号经推子和 PAN 之后送往编组母线 1 和 2。

（15）3-4 按键　按下它，该路声音信号经推子和 PAN 之后送往编组母线 3 和 4。

四、调音台输出部分

调音台输出部分的安排有以下规律：

1) 调音台有几根母线，肯定有相对应的输出插座。

2) 每个输出插座输出的声信号肯定在调音台上装有其相对应的调节键，可能是推拉键，也可能是旋钮。

3) 每种输出调节功能键旁边都装有监听按键，一般推拉键旁边的监听按键为推子前监听键（PEL），旋钮旁的监听按键为经过旋钮的监听键（AFL）。

4) 从辅助返回（AUX RET）或效果返回（Effect RTN）的插孔进入调音台的信号，肯定安装有调节其大小的按钮和相应的声像调节钮 PAN。

5) 凡左右输出或编辑输出的插座前，一般都有相应的 INS（又出又进插孔），其目的是可以单独对输出信号在输出前进行特殊加工处理，但辅助输出不装 INS 插孔。

6) 如果输出部分装有耳机和对讲送话器 T. B. Mic 插孔，一般其旁路都有音量大小调节钮。

五、操作使用要点

1. 单声扩声

在 Disco 厅、歌舞厅或背景音乐放音厅里，往往使用单声扩声，在这些场合不需要立体声放声。这时，调音台应作如下的连接：

1) 利用辅助送出端 AUXSEND，经功放（接成桥式），串接音箱进行扩声。这时，扩出的声音通常不带效果声。

2) 利用左右声道的其中一路输出或编组输出中的一路或混合单声输出，经功放（接成桥式），串接音箱进行扩声。这时，扩出的声音通常有效果声。

2. 立体声扩声

在卡拉 OK 厅、音乐厅、歌厅里需要作立体声放声，在此情况下，利用左右声道同时输出、利用编组输出 1 和 2 或编组输出 3 和 4 同时送出，经功放（接成立体声模式）和相应的音箱进行扩声。同时，应注意两个音箱的摆放位置，尽量扩大立体声场。此外，应当注意每路声源的空间声响，巧妙调节该路上的 Fader 和 PAN，适当安排其空间位置。对于演唱声和主乐器乐音，将相应的 PAN 调在中间位置，Fader 推大，突出演唱声和主乐音。如果输入的声源是立体声，必须在调音台输出端保留原来的声响，不可任意摆放该路上的 PAN 和 Fader，否则，声响混乱，甚至演唱声与音乐声不能揉在一起。保留原来声响的方法是左声道输入占用调音台一路，将该路上的 PAN 调至左边，右声道输入占用调音台另一路，将该路上的 PAN 调至右边。同时，将二路推子调在同一高度上。这样立体声源的声响在左、右声道母线和编组母线上得到保留。

3. 监听

通常监听是指舞台监听，即供舞台演出人员听音，采用调音台的辅助送出端（AUXSEND），送往监听功放、舞台监听音箱放声。对需要监听的声音，将该路上的相应辅助旋钮打开。对不需要监听的声音，将相应该路的辅助旋钮关闭，于是可以做到监督各种乐音或演唱的单独发声。耳机监听与舞台监听有所不同，耳机监听是调音师用来监听各路声源输入调音台后的状况以及各种混合输出情况的，借助这种耳机监听，可检查声源并修正调音台的各种调节。

六、效果机与调音台的连接

1）利用每路上的 INS 插孔，单独对该路上的声信号进行效果处理，从 INS 插孔将该路的声信号引入效果机，经效果机处理后，声音信号由效果机出来，再从这个插孔送回调音台，这种接法适合于大型乐团对各类乐音和演唱声的效果处理。

2）利用辅助送出端（AUXSEND），将声音信号送入效果机的输入端，从效果机输出接到调音台的辅助返回端（AUXRTN），对需要处理的声音信号，将该路上相应的辅助旋钮打开，对不需要处理的声音信号，则把该路上相应的辅助旋钮关闭。这种连接可由一个效果机处理多个同类声源（比如多个人演唱）。

3）利用辅助送出端（AUXSEND），将声音信号送入效果机的输入端，从效果机输出接到调音台的某一路的线路输入端（Line）。这时，把这路当做效果的再加工处理（放大、均衡、声像、混合比例等），并且用该路的推子作效果混合比例调节，比较方便。但这路上所有的辅助旋钮必须关闭，否则会出现扩声系统啸叫，或在辅助母线上出现效果声。

4）辅助母线（AUX Bus）可以用做效果线（Effect Bus）、监听母线（MonitorBus）、有线声控母线（控制灯光等）或可以用来单独对某些声源进行记录或扩声。总之辅助母线越多，调音师使用起来就越方便，甚至能做到多种场合用一台调音台控制同步放声或播放各种不同的音乐声。

5）调音台与混响器、压限器、激励器、均衡器功放的连接顺序为：调音台效果送出端（EFX SEND）接混响器输入，混响器输出接调音台效果输入端（EFX RET），然后调音台的输出（L、R）接压限器，以后依次为激励器、均衡器、功放。相互位置不是绝对的，但都基本上遵循一个原则，即均衡器在最后，它的后面一定是功率放大器，而总路的压缩限制器应该接在调音台之后。中间可在连接激励器、延时器、移频器和各种效果器等。混响器的连接灵活，最基本也是最常见的是将混响器接在调音台的效果输出口与效果返回口之间，只要调节调音台上的效果输出输入旋钮就可以控制混响效果。不过在调音台输入路数足够的情况下，可将混响器的输出直接接入调音台的输入接口中，这样可以很方便调节混响比例并衰减或提升混响信号中的某些频率成分。

人耳对音色的感觉是比较灵敏的，它能直接判别声音是否逼真。如果对音色处理不好，不但会使声音单调，枯燥乏味，而且还会使乐器或者演唱产生严重的失真，因此不可忽视音色处理的重要性。对于男声来说，大多数人的声音比较低沉，缺少高音，为提高演唱的清晰度，一般可对3kHz的频率成分进行补偿；对于女声来说，高音又显得过多，声音发"尖"，为使声音宏亮，不至于太刺耳，一般可对400Hz频率成分进行补偿。

七、调音台的信号流程和使用技巧

掌握了调音台的信号流程，便能从根本上去理解调音台，流程图分三个部分：信号输入部分、母线部分、信号输出部分。声源信号从送话器输入或从线路输入，经增益调节，进入均衡处理，作音质补偿，利用衰减器（推子）进行混合比例调节。再通过声像调节，进入左右声道母线和编组母线，同时，在推子前后引出声信号，分别进入辅助母线。从母线出来的混合声信号，经过混合放大、大小幅度调节、隔离放大，送出相应的各种输出。另外，从辅助端送出端的声信号或外部设备的信号，经过效果机处理或其他方面的处理后，从辅助返回端进入调音台，作大小调节和声像调节后，与左右声道上的信号叠加，再一起送出，这便是声信号的整个流程。

1. 如何调节好混响时间

混响通常决定了余音的长短，对声音的色彩和清晰度有直接的影响。一般情况下，男低音演唱时，可将混响时间调得短一些，以提高声音的清晰度；如果是女高音演唱时，可适当延长混响时间，以增加声音的色彩。对于演唱场所来说，如果房间四周墙壁是由木板材料构成的，这时混响时间应调小一些，以免声音模糊不清；反之，如果房间挂有绒布窗帘等吸声材料，这样的房间应将混响时间调大一些，以免声音干涩。另外，现场观众与听众的多寡也有很大的影响，因为观众的服装也有很大的吸声作用。因此，音响师、调音师可在1~2s间选择一个感觉适宜的混响时间。

2. 如何调节好直达声和混响声分量的比例

完全直达声而无混响声输出，就不能起到改善和美化声音的作用，因而通常只用于开会发言或朗诵的场合。适当地加大混响声成分的比例，有利于模拟自然混响声，使声音丰满动听，可增加观众、听众的现场立体感。完全混响声而无直达声分量输出，则会使声音产生"染色"现象，造成严重失真，也就是说，像在浴室、澡堂里听到的声音那样含混不清，行内的人称其为"浴室效应"。因此，在无特殊要求的情况下，可将该旋钮调在中间位置，即直达声分量与混响声分量比例为1:1，这样，声音不但不会产生失真，又会有一定的混响效果。

3. 如何调节好送话器音量与伴奏音乐之间的比例

一首好听的歌曲，应该是伴奏音乐占40%，演唱声音占60%，如果演唱者音色不错，可适当减小一些伴奏音乐的分量，以突出演唱者的歌声；如果演唱者对这首歌曲的旋律不很熟悉，容易唱走调，合不上拍，为了掩饰这些缺点，这时可适当加大一些伴奏音乐的分量。但在具体操作时，应注意不要把送话器音量过分调大，更不能使演唱音量大大高于伴奏音乐，结果显得伴奏音太弱，大部分时间里只听到演唱者的声音，好似一个人在那里清唱，失去了卡拉OK的气氛；但也不能让伴奏音太强，伴音太强，又会"淹没"演唱者的歌声，听上去好像只是一支乐队在演奏乐曲，体会不出演唱者的情趣。

4. 如何调节好伴奏音乐的音调

伴奏音乐是根据原唱者的声调而调演奏的，它不能适应每一个演唱者的噪声条件，比如有的原唱者的音域比较高，有的原唱者演唱的音域比较低，为了能让伴奏音乐照顾到每一个演唱者的噪声特性，音响师、调音师应对演唱者的声音特性有灵敏的听觉反应。演唱时，先把音调控制放在中间位置，既不提升，也不下降。一曲开始，如果演唱者合得上调，那就不必去调节；反之，演唱者如感到低音区唱不下去，或者是高音区跟不上来，可根据实际情况将传送音调调节到演唱者适应的音区。

相关知识：

调音台术语英汉对照

英文缩写中文含义：

ACTIVITY 动态指示器	AUX. IN 辅助输入
BALANCE OUTPUT 平衡输出	CUE 选听开关
DISPLAY 电平指示器	ECHO 混响
EFF 效果电平控制	EFX. MASTER 效果输出电平控制
EFX. MON 效果送监听系统电平控制	EFX. OUT 效果输出
EFX. PAN 效果相位控制	EFX. RET 效果返回电平控制
EFX. RETURN 效果返回输入	EFX. SEND 分路效果信号控制
EQ IN（OUT） 均衡器接入/退出按键	EQUALIZER 均衡器
FT SW 脚踏开关	FUSE 熔丝
GAIN 输入信号增益控制	HEAD PHONE 耳机插孔
HIGH 高音电平控制	HIGH CUT 高频切除开关
HIGH I IN 高阻输入	LAMP 专用照明灯电源
LEFT. 左路信号电平控制	LEVEL 声道平衡控制
LIMIT（LED） 信号限幅指示灯	LOW 低音电平控制
LOW CUT 低频切除开关	LOW I IN 低阻输入
MAIN 主要的	MASTER 总路电平控制
MASTER OUT 总路输出	MID-HIGH 中高音电平控制
MON. OUT 监听输出	MON. SEND 分路监听信号控制
MONITOR 监听系统	MONITOR BALANCE 监听输出声像控制
MONO OUT 单声道输出	OUT/IN 输出/输入转换插孔
PAD 定值衰减，衰减器	PAN 相位控制
PEL 预监听（试听）按键	PHANTOM POWER 幻像电源开关
PHONO INPUT 唱机输入	POWER 总电源开关
PROGRAM BALANCE 主输出声像控制	REV. CONTOUR 混响轮廓调节

RIGHT 右路信号电平控制　　　　　　　SIGNAL PROCESSOR 信号处理器
STEREO OUT 立体声输出　　　　　　　SUM 总输出编组开关

知识 3　均衡器的功能

均衡器是一种音色处理电路，其作用是通过将音频的全频带信号划分为若干（最多 31 个）频段，并分别对不同频段信号进行提升或衰减，以减少噪声干扰，改善音色效果。

均衡器是周边设备中使用最多的设备，因此我们也要格外重视，下面介绍调整均衡器时需要注意的几点问题：

1）7~9 段均衡器，这样的均衡器只可以简单地调整音色，属于一种辅助性质，因此在使用时最好不要对这样的均衡器进行大的提升，否则调音台主输出的电平往往会超标。这样的均衡器一般有个开关，使用时要注意此开关的工作状态。

2）双通道 15 段的均衡器会有一个状态转换开关，可以把双通道的 15 段均衡器转换成单通道的 30 段均衡器，此时就要注意看清每一段的频率后再调整。

3）目前使用最多的就是双通道 31 段均衡器，需要注意的有以下几点：

①6dB 和 12dB 转换开关：有些均衡器有 6dB 和 12dB 的工作状态转换开关，一般情况下还是调整在 12dB 较好。

②低通或高通：有些均衡器有低通或高通调整功能，调整时要注意，如果把低音衰减太多声音就不丰满太单薄了；把高音衰减太厉害声音就太暗淡没有穿透力了。

③频率推拉键：调整时要注意均衡器的每一个频率推拉键，看是否正常；同时注意推拉键不要做太大的衰减或提升，特别是提升时一般不要超过 6dB。

4）连接：均衡器的输入和输出一般有 XLR 卡侬和 TRS 两种端口，除了形状不一样以外，功能是一样的，其实都是平衡线路端口，因此我们连接均衡器时要使用 XLR 卡侬信号线和 TRS6.35 立体声信号线来做平衡连接。

知识 4　数字效果器的功能

数字效果器是处理、制造各种声场效果、混响效果的音响周边器材，下面说一下使用效果器时需要注意的几点问题：

1）在工程施工当中，为了美观和专业，很多技术人员喜欢把效果器安装在机柜里面。这样做看似正规合理，但由于效果器最容易受到外界信号的干扰，机柜里众多的设备，再加上从机柜到调音台之间比较长的信号线，这些都会严重干扰效果器，造成效果器传送到调音台里的信号有很多杂音，严重时可能全部都是噪声而无法使用。所以在设备安装时，最好把效果器放在调音台的旁边，但不要和无线送话器、碟机等设备叠放在一起。这样，一则方便操作，可以灵活地变换我们所需要的效果；再一个最重要的是减少了干扰。

2）有一些效果器当选择好效果程序时，还需要按一下"锁定"键，否则此程序数字一直在闪烁，表示此程序并未被激活使用，这时除非知道原来的常用程序，否则不要盲目去锁定另一个未知的效果程序，因为有些效果程序出来的声音比较"恐怖和怪异"，有些程序的信号输出电平还非常高，如果误选择了这样的程序，那可能会引起送话器严重的回输或人声的严重恶化。

3）现在大部分效果器从一个程序变换到另一个程序时，中间是要有一段转换时间的，这段时间效果器里就没有效果输出。虽然只有不到几秒钟的时间，但如果在演出当中变换效果时还是会让人察觉的，我们应该尽量避免这种现象。

4) 效果器如果操作不当时，还会产生声反馈，这种声反馈一般是持续的，不像送话器声反馈是短暂而强烈。例如在一个调音台里，假如从 AUX6 发送信号给效果器，经过效果器处理后，若输出了 2 路信号到调音台的 23、24 路，那么此时 23、24 两个通道中的 AUX6 旋钮就不要再打开了，否则刚才经过效果器处理后的信号就会又流回到效果器里。由此，AUX 和效果器之间就会又形成了一个循环，当环路电平增益超出一定范围时，便会产生声反馈现象。当然一套音响系统中要有良好的人声，只靠效果器来处理是不够的，还需要系统中能发出很好的直达声，然后再配合合适的效果声，这样才会尽可能达到完美的人声效果。

知识 5　分频器的功能

分频器的作用是根据扬声器的不同特性，将全频带声频信号分为不同的频段，使不同特性扬声器都能得到合适频带的激励信号。分频器分为电子分频器和无源分频器两大类。

电子分频器是有源分频，通常位于前置放大器与功率放大器之间。电子分频器将信号分为多个频段，然后送到对应频段的功率放大器进行功率放大后，再推动相应的扬声器工作。电子分频器具有瞬态特性好、无调制失真、调整灵活等一系列优点，但由于其电路较复杂，产品成本较高，因此一般应用在专业音响设备中。

电子分频器的主要功能就是给不同的音箱分配好不同的工作频率，当然还有保护音箱的功能，下面介绍调整电子分频器时需要注意的几点问题及故障排除：

1) 分频点：在一个 2 分频的音响系统中，一般情况下分频点放在 130Hz 附近比较合适，但很多情况下，对分频点的调整实际上不是取决于低音音箱，而是要看中高音或全频音箱。因为低音音箱在 300Hz 以下工作都可以，但有些中高音和全频音箱由于扬声器口径太小，动态范围不够大，必须在 200Hz 以上工作才能保证它们的安全，如果此时分频点分在 130Hz 附近，那么这些中高音音箱工作起来就很危险了，因此在效果和安全当中还是要找一个平衡点。理论上双 15in 的全频主音箱最好不要经过电子分频器；单 15in 的主音箱可灵活运用；而单 12in 以下的主音箱最好要通过电子分频器，至少在 180Hz 以上工作才安全。

2) 音量控制：不管是输入电平还是输出电平，调整的时候都要有一个度，不要开的太大。如果是电子分频器上的各个音量旋钮都开到很大了，系统的声压还不够，那就要调整电子分频器前面设备的信号电平或者调整电子分频器下面功放的电平和音量开关了。

3) ×10 按钮：有一些电子分频器上有一个"×10"的按钮，大家注意不要轻易按下它。例如分频点调整在 200Hz 的话，按下此按钮 200Hz×10 就变成 2000Hz 了，因此除非确实需要，否则一般不要按下此按钮。

4) 低音模式：有些电子分频器后面板有一个低音模式的选择，它可以把 2 路立体声信号混合成 1 路单声道信号，这样可以减少低音音箱之间的声干涉，可以适当利用。当然要是低音分频点分的较高，那么低音音箱发出的声音就会有一定的指向性，此时还是要在 2 路立体声信号的状态下工作较好。

5) 立体声工作模式和单声道工作模式：目前我们使用的大多数电子分频器都是 2 分频的居多，考虑到灵活性和多功能性，这些电子分频器的后面板一般会有一个立体声和单声道工作模式转换开关。如果把此开关放在单声道工作模式下，那么此时这台电子分频器就从一台双通道2分频的电子分频器变成了一台单通道3分频的电子分频器了。因此除非必要，否则不要轻易转换此工作开关，要不然电子分频器后面信号输出口所输出的频率信号就会大不一样了。轻者恶化了音质，重者还会损坏设备。

6）系统中低音信号的输出和中高音信号的输出一定不要搞混了，否则高音信号给了低音音箱，低音信号给了高音音箱，这样南辕北辙的做法使音响系统中没有声音出来，因为频率不对，搞不好还会烧坏音箱。

知识6 压限器的功能

压缩限幅器简称压限器，实际上是压缩与限幅两种功能电路的合称，是音响系统中常用的一种信号处理设备，其功能是对音频信号的动态范围进行压缩或限制，达到减小失真和降低噪声的目的。

压限器实际上是一个自动音量控制器，由带有自动增益控制的放大器组成。当输入信号超过阈值电平（也称压限阈或门限）时，压限器的增益下降，使信号衰减。

通常，把使压限器的输出信号增加1dB所需增加输入信号的分贝数称为压缩比率，简称压缩比。压限器的输入/输出关系曲线如图2-35所示。

对于2:1的压缩比，当输入信号电平增加2dB时，输出信号电平只增加1dB，在压缩区域内将输入信号变化范围压缩了1/2。例如输入信号电压变化范围为-50~20dBm，门限电平设为10dBm。压缩前增益等于1，这时输出电平为-50~15dBm，将输入信号电平的动态范围压缩成65dB。-50~10dBm电平内的信号相对关系没有变化，仅在10~20dBm范围内进行了压缩。

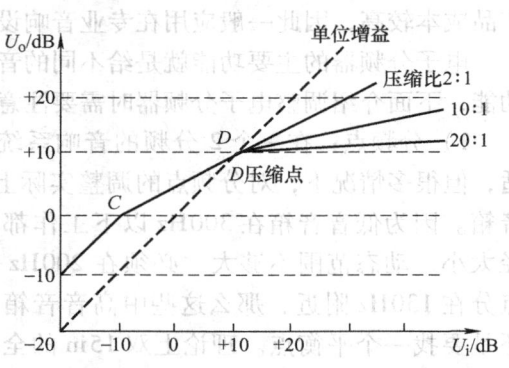

图2-35 压限器的输入/输出关系曲线图

同理，若压缩比为10:1，当输入信号电平增加10dB时，输出信号电平只增加1dB，在压缩区域内将输入信号变化范围压缩了1/10。如输入信号电压变化范围为-50~20dBm，门限电平仍设为10dBm。压缩前增益等于1，这时输出电平为-50~11dB，将输入信号电平70dB的动态范围压缩成61dB。-50~10dBm电平内的信号相对关系没有变化，仅在10~20dBm范围内进行了压缩，输出变化了1dB。

压限器的主要功能是保护设备，下面介绍调整压限器时需要注意的几点问题及故障排除。

（1）噪声门中的THRESHOL 压限器中的噪声门可不是说真能去除音乐当中的噪声，它只是在系统中无有用音频信号时才起作用。比如：开会时领导在上面小声窃窃私语，这样的无用声音是可以用噪声门进行拦截的；但当领导对着送话器大声说话时，噪声门当然就不能拦截了，否则没有声音出去那么能行呀？真实的情况是：当系统中有有用音频信号冲开噪声门的门限电平（THRESHOLD）时，其实这个门限电平已经没有任何作用了，此时系统中的噪声会夹杂在有用音频信号中一起传输出去，只不过那时候的噪声被有用音频信号掩盖了，我们听不出而已。因此，噪声门实际上是没办法消除正常音频信号中任何噪声的，它并不像音频工作站中的噪声采样器那样可以适度消除正常音频中的某些噪声。噪声门如果调整的太高，音乐就会出现"喘息"现象，一下有一下又没有，断断续续的，因此要尽量避免此种人为故障。

（2）压限器里的 THRESHOLD 压限器部分里的 THRESHOLD 和噪声门部分里的 THRESHOLD，虽然都是一种门限电路，但两者的功能和工作状态是大不一样的。两个门限在正常使用中，噪声门的 THRESHOLD 有可能在 99% 的时间内不起作用，是因为大多数的音频电平信号都会高出这个门限；而压限器的 THRESHOLD 也有可能在 70%~90% 的时间内不起作用，相反的是因为大多数的音频电平信号可能会低于这个门限。

（3）压缩比 RATIO 压缩比的调整其实是决定了压限器是变成"压缩器"还是变成"限幅器"，它的调整要结合压限器部分的 THRESHOLD 来进行，压缩比太低不起作用，太高有时又损害音质。基本上小于 1:6 的压缩比算是压缩功能，大于 1:6 的压缩比可以算作是限幅功能了。当然理论上压缩比调整在 1:3 左右比较合适。

（4）立体声连锁 压限器中有一个立体声连锁键（Stereo Link），在调整时要注意，不要不小心按下此键，那样会把立体声信号变成单声道信号。

（5）直通 Bypass 有些音响师把压限器直通了还不知道，分不清什么是直通状态什么是工作状态，因此这点要注意。

知识 7　反馈抑制器的功能

如果将送话器音量进行较大的提升，音箱发出的声音就会传到送话器引起啸叫，这种现象就是声反馈。声反馈的存在，不仅破坏了音质，还限制了送话器声音的扩展音量，使送话器拾取的声音不能良好再现；深度的声反馈还会使系统信号过强，从而损坏功放或音箱（一般情况下是损坏音箱的高音头），造成损失。所以，扩声系统一旦出现声反馈现象，一定要想方设法制止。

扩声系统之所以产生声反馈现象，主要是因为某些频率的声音过强，将这些过强频率进行衰减，就要利用反馈抑制器（见图 2-36）来解决这个问题，但用均衡器下拉可产生以下难以克服的不足：

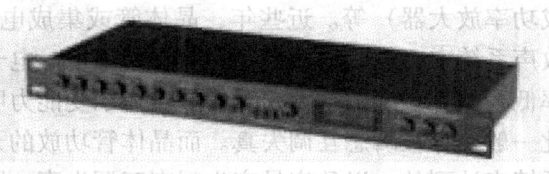

图 2-36　反馈抑制器实物图

一是对音响师的听音水平要求极高，出现反馈后音响师必须及时、准确地判断出反馈处反馈频率和程度，并立即准确无误地将均衡器的此频点衰减，这对于经验不丰富的音响师来说是难以做到的。

二是对重放音质有一定的影响。现有 31 段均衡器的频带宽度为 1/3 倍频程，有些声反馈需要衰减的频带宽度有时会远远地小于 1/3 倍频程，此时，很多有用的频率成分就会被除掉，使这些频率声音造成无法挽回的损失。

三是在调整过程中有可能损坏设备。用人耳判断啸叫频率是需要一定时间的，假如这个时间过长，设备由于长时间处于强信号状态而损坏。使用反馈抑制器就可以完全解决以上问题，即可以有效地消除反馈，又不会对重放音质造成影响，故其优越性是显而易见的。

反馈抑制器的主要功能就是防止系统产生回输，保护音箱设备，下面介绍调整反馈抑制器时需要注意的几点问题：

1）在利用送话器进行反馈点抑制时，最好找几只经常使用的送话器，而且在调整时要不断地变换送话器的位置，也可以在调整时放一点背景音乐或对着送话器讲一些话，这样可以使声场更活跃，更利于精确、快速地寻找到声反馈频率。

2）系统中如果有压限器的，还要注意把压限器直通，等调整完后再恢复。而系统中的其他音频处理设备如调音台、均衡器、激励器、分频器、效果器等，都要调整到正常的工作状态。

3）注意检测一下系统中所使用的反馈抑制器对音乐信号和送话器反馈信号的分辨率，检测方法是：关掉所有的送话器，把反馈抑制器串接在任何有音乐信号的通道中，最好放一段的士高音乐，不断地加大此通道的音量，如果发现反馈抑制器开始工作了，并且严重影响了音质，那证明此反馈抑制器还不是很完美。

4）特别注意点：如果已经调整好了反馈抑制器，在现场演出的过程中，千万不要按动Reset按钮，因为这样会把以前设置的所有参数清除，把反馈抑制器变成了刚出厂的原始状态，这样做是非常危险的，系统很可能会出现强烈的啸叫，严重时还会损害设备。

5）有些反馈抑制器有自动和手动等工作方式选择，如果认为调整已经很完美，系统不会发生声反馈了，可以把反馈抑制器放在手动或锁定的工作模式，这样既保留了设备里原有的参数，又不会因为设备误检测、误启动而改变已经调整好的参数。

知识8 功率放大器的作用、分类和使用

功率放大器（简称功放）的作用是将前置放大器输出的音频电压信号进行功率放大，产生足够的不失真功率，以推动后接的扬声器发声。

1. 功率放大器几种分类方法

（1）按所用的放大器件分类 功率放大器按照所使用的器件可分为电子管功率放大器、晶体管功率放大器（包括场效应晶体管功率放大器）和集成电路功率放大器（包括厚膜集成功率放大器）等。近些年，晶体管或集成电路的功率放大器占有主导地位，但在高保真放声系统中，电子管功放仍存有一席之地。电子管功放的缺点是功耗大、体积及重量大、效率低，但其动态范围大，对信号过荷承受能力明显优于晶体管功放，而且其负反馈不深，因此一般不存在瞬态互调失真。而晶体管功放的开环增益大，其优良的电声指标是依靠深度负反馈来达到的，以致容易产生瞬态互调失真。因此，电子管功放的音色比较纯美，而晶体管功放存在一种所谓"晶体管声"或"金属声"，使声音有些发硬、发刺。为此，晶体管功放做了许多改进，如采用无负反馈电路、纯DC（直耦）电路等以改善音质。

（2）按其输出级与扬声器的连接方式分类 按照输出级与扬声器的连接方式可分为变压器耦合放大器、OTL放大器、OCL放大器和BTL放大器等形式。变压器耦合功率放大器是在输出级利用变压器将输出信号传递给扬声器，并实现输出级与扬声器间的阻抗匹配。在OTL放大电路中，输出级与扬声器之间采用电容耦合的无输出变压器方式；OCL放大电路中输出级与扬声器之间则不用电容而采用直接耦合的方式；BTL放大电路又称为平衡式无输出变压器电路，或称为桥式推挽功率放大电路，其输出级与扬声器之间以电桥方式连接。

（3）按功率管的偏置或工作状态分类 按照功率管的偏置或工作状态，可将功率放大器分为甲类（A类）、乙类（B类）、甲乙类（AB类）、丙类、丁类、T类（数字功放）、

ALA 型等。对于甲类功率放大器,在输入正弦波电压信号的整个周期内,功率管都处于导通的工作状态,其特点是失真小,但效率低、功耗大。对于乙类功率放大器,在输入正弦波电压信号的整个周期内,功率管只导通半个周期,另一半周期截止,其特点是输出功率大、效率高,但失真较大。对于甲乙类功率放大器,在输入正弦波电压信号的整个周期内,功率管导通时间大于半个周期但不足一个周期,有一段时间截止。丙类功放是功率管导通时间小于半个周期,大部分时间截止的工作状态。丁类又称开关式工作状态,即功率管工作在饱和导通和完全截止的两种开关状态。

T 类数字功放可输入模拟音频信号和数字音频信号(CD 信号),模拟音频信号输入后,先经 A－D 转换器变换为数字音频信号,再处理成脉冲宽度调制(PWM)或脉冲密度调制(PDM)信号,由场效应晶体管功放电路放大,最后经 LC 滤除高频脉冲成分,还原成模拟音频信号。数字功放的工作方式是开关状态,可以完全消除交越失真,是一种很有前途的新型功率放大器。ALA 型功放是一种完全线性功率放大器,由雅马哈公司推出,它可将电路产生的任何失真完全消除,动态范围极宽,音色效果性能极佳。

2. 功率放大器的性能指标

功率放大器的性能指标包含有输出功率、频率响应、失真度、信噪比、输出阻抗、阻尼系数等,其中以输出功率、频率响应、失真度三项指标为主。

(1) 输出功率 输出功率是指功放输送给负载的功率,以瓦(W)为基本单位。功放在放大量和负载一定的情况下,输出功率的大小由输入信号的大小决定。对输出功率的评价通常有以下几种方式。

1) 额定输出功率(RMS):在一定的谐波失真指标内,功放输出的最大功率。应该注意,功放的负载和谐波失真指标不同,额定输出功率也随之不同。通常规定的谐波失真指标有 1% 和 10%。

测量时采用 1000Hz 正弦波作为测量信号,测出等阻负载电阻上的电压有效值 V,此时功放的输出功率 P 可表示为

$$P = \frac{V^2}{R_L}$$

式中,R_L 为扬声器的阻抗。

这样得到的输出功率实际上为平均功率。当音量逐渐开大时,功放开始过载,波形削顶,谐波失真加大。谐波失真度为 10% 时的平均功率,称为额定输出功率,也称最大有用功率或不失真功率。

2) 最大输出功率:在上述情况下不考虑失真的大小,给功放输入足够大的信号,并将音量和音调电位器调至最大时,功放所能输出的最大功率。额定输出功率(即最大有用功率)和最大输出功率是我国早期音响产品说明书上常用的两种功率。通常最大输出功率是额定输出功率的 2 倍。

3) 音乐输出功率(MPO):功放工作于音乐信号时的输出功率,即在输出失真度不超过规定值的条件下,功放对音乐信号的瞬间最大输出功率。

4) 峰值音乐输出功率(PMPO):通常是指在不计失真的条件下,将功放的音量和音调电位器调至最大时,功放所能输出的最大音乐功率。峰值音乐输出功率不仅反映了功放的性

能，而且能反映功放直流电源的供电能力。

国际上还没有统一的音乐输出功率（MPO）和峰值音乐输出功率（PMPO）的测量标准，各厂家一般都有各自的测量方法。通常用模拟音乐、语言信号输入功率放大器来进行测量，这种测量称为"动态"测试，因此音乐输出功率是一种"动态指标"，它能较好地说明听音评价结果。

（2）频率响应 频率响应是指功率放大器对声频信号各频率分量的均匀放大能力，即重放声音信号的频率范围以及在此范围内允许的偏差。频率响应一般可分为幅度频率响应和相位频率响应。

幅度频率响应表征了功放的工作频率范围，以及在工作频率范围内的幅度允差的程度。所谓工作频率范围，是指幅频响应的输出信号电平相对于1000Hz信号电平下降3dB处的上限频率与下限频率之间的频率范围。国家标准规定：频率范围应宽于40Hz～12.5kHz，振幅允差应低于5dB。

3. AV功率放大器与信号源连接

由于AV功放输入的信号接口较多，因此信号源与功率放大器之间的接线也较为复杂，尤其是核心信号源（如CD机、DVD视盘机）与功率放大器之间的接线。虽然信号源与功率放大器之间接线较复杂，但一般都可以根据各种设备所提供的插头、接口英文标记进行连接，例如LINEAUX（线路）、LINEINPUT（线路输入）、PHONE（耳机）、MIC（传声器）、CDOUTJACKS（CD唱机输出插座）等。

对于带有杜比数码（DolbyDigital）、DTS或MPEG解码器输出的DVD视盘机与已内装有杜比数码、DTS或MPEG解码器的AV放大器之间的数字信号连接，可使用对应设备上的COAXIAL（同轴）、OPTICAL（光纤）端子进行连接。功率放大器的接线如图2-37所示。

采用以DVD视盘机为核心构成的家庭影院系统中，一般都配置有5.1声道音响系统，DVD视盘机与功率放大器的输出端子

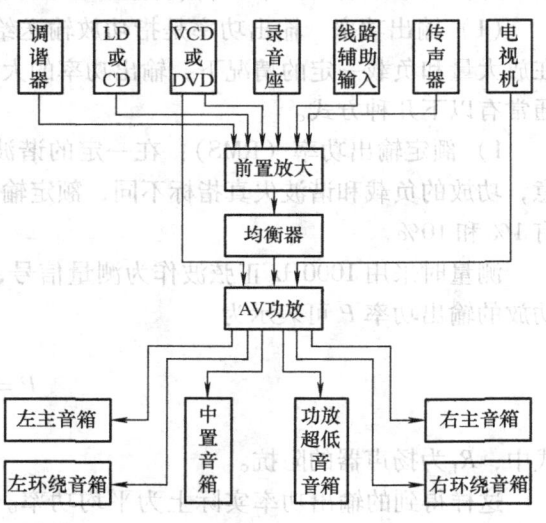

图2-37 AV功放连接图

较多，除要注意音箱的摆放位置正确外，还要注意将中置音箱接到功放"CENTEROUT"端子，将左、右主音箱分别接到功放的"MAINOUT"对应的L、R位置，将环绕声音箱接到功放的"SURROUNDOUT"对应的L、R位置，将超重低音音箱接到功放的"SUBWOOFEROUT"端子上。功率放大器的输入输出接口如图2-38所示。

4. 功率放大器与音箱连接

Hi-Fi功放一般只接左（L）、右（R）两只音箱，连接时只需将功率放大器的左（L）、右（R）输出端子分别与左（L）、右（R）音箱连接即可。对于中高档组合音响，其音箱的输入端一般采用"卡夹式"插口。为避免接错，连接线和插头均采用不同颜色予以区别，接线时导线的端头不要剥出过多，当引线采用多股芯线时，应将多股芯线绞紧后再插入

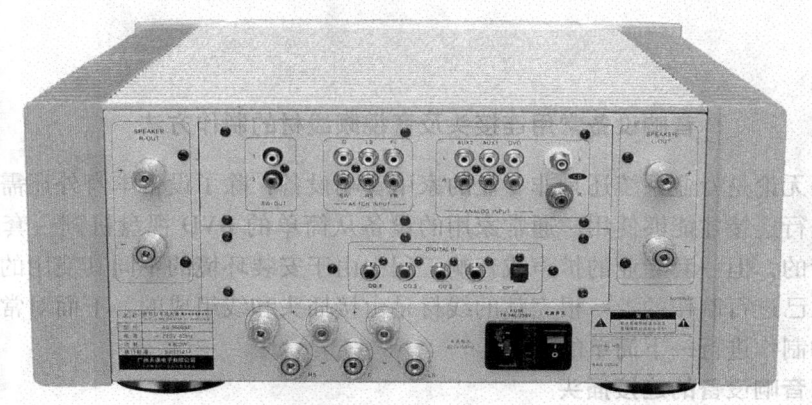

图 2-38 功放接口图

"卡夹式"插口内,以防短路。同时,在接线时要注意音箱的极性应与功率放极性一致,并且两只音箱的摆放位置不要颠倒。

5. 使用功率放大器的注意事项

功率放大器的使用方法一般都比较简单,因为功放的控制部件比较少,多数功放都只有一个电源开关,两个输入电平控制器。也有一些进口的多功能功放的使用方法要复杂一些,但在使用前仔细读一读使用说明书,也就不难操作。

为了充分发挥功率放大器的作用,延长它的使用寿命,减少故障和保护音箱等设备不被功放损坏,专业功率放大器在使用时应注意以下事项:

1)在音响系统接通电源之前,应先将功放的输入电平调到最小位置,调音台的音量推子也推到最小。接通电源时,应先打开其他音响设备的电源,最后才打开功放的电源。关电源时,将功放的输入电平控制和调音台的音量推子关到最小,然后先关掉功放,再关其他设备的电源。上述操作步骤可避免开关机冲击信号损坏音箱和功放。可能的话配备一台电源时序控制器,只需打开电源时序控制器的电源,然后打开电源时序器的控制开关,上述操作是自动完成的,不会造成误操作现象。

2)选择音响系统的电源插板时,应选择质量好、接触可靠和功率容量足够的专业用插座,这样可避免因电源插座接触不良而产生冲击信号,损坏功放或音箱。

3)当出现信号线接触不良时,应先关闭电源以后再检查。切不可开机时摇动信号线或插头进行检查,以免信号冲击。

4)功放在使用中应放置在通风的地方(不受潮),功放外壳上的散热孔切勿堵塞。采用强制风冷(即功放内装风扇散热的)功放,风扇口不要放置其他东西,更不能阻塞风扇口。

5)有输出表(或 LED 电平表、LED 峰值指示灯)的功放,调整音量时,应密切注意电平表的指示值,应尽量避免输出过载或削峰。

6)功放和音箱的配接,应特别注意阻抗的匹配和功率的匹配。一般专业功放的额定阻抗是 8Ω 或 4Ω(说明书功放后面板已标明),接入的音箱阻抗也是 8Ω 或 4Ω。一般音箱的阻抗可以比功放的额定输出阻抗高一些(但功放的输出功率会降低),不能比功放的额定输出阻抗低，否则可能会引起功放的过载，甚至损坏。

相关知识：

音响设备常用连接头及音视频线材的制作方法

音响设备无论是专业系统还是非专业的家用音响设备，除了设备本身外还需要各种连接线材将设备进行连接才能够使用。通常家用的设备从简单的 DVD 视盘机到一套组合音响的线材都是附带的，但一套专业的扩声或音响工程中由于安装环境的不同其使用的线材都是需要施工人员自己进行制作的。一根完整的线材是由接插头和线组成的。下面对常用插头、线材及连接线的制作进行一下简单的介绍。

一、常用音响设备的连接插头

在一个音视频工程中设备的输出、输入信号种类可分为音频信号和视频信号（本次只作简单介绍），音频信号根据阻抗的不同大致可分为平衡信号和非平衡信号（音源设备如 DVD 播放机、卡座、CD 播放机的输出多为非平衡信号）。因此，连接插头也有平衡和非平衡之分，平衡插头为三芯结构，非平衡插头为二芯结构。音频插头中还有一种功放与音箱连接用的专用插头，这种插头常见的为四芯结构（也有二芯、八芯），又因为是瑞士 NEUTRIK（纽垂克）公司发明，因此又称"NEUTRIK（纽垂克）插头"或"四芯（二芯、八芯）音箱插头"。

1. 常用的平衡信号插头

卡侬头（XLR）分为卡侬母头（XLR Female，见图 2-39）和卡侬公头（XLR Male，见图 2-40）。卡侬头公、母的辨别很简单，带"针"的为"公头"，带"孔"的为"母头"。很多音响设备的输入、输出端口为卡侬接口，同样带"针"的接口为"公座"，带"孔"的接口为"母座"。

图 2-39　卡侬母头（XLR Female）

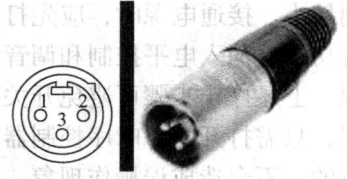

图 2-40　卡侬公头（XLR Male）

大三芯插头或 6.3mm 三芯插头（PhoneJack Balance），如图 2-41 所示。

2. 常用的非平衡信号插头

1）大二芯插头（PhoneJack Unbalance），如图 2-42 所示。

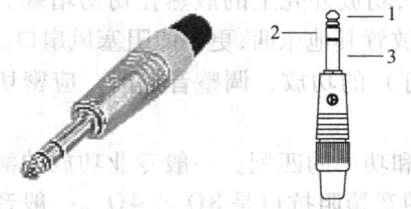

图 2-41　大三芯插头（PhoneJack Balance）　　　图 2-42　大二芯插头（PhoneJack Unbalance）

2) 莲花插头（RCA），如图 2-43 所示。
3) 小三芯插头或 3.5mm 三芯插头，如图 2-44 所示。

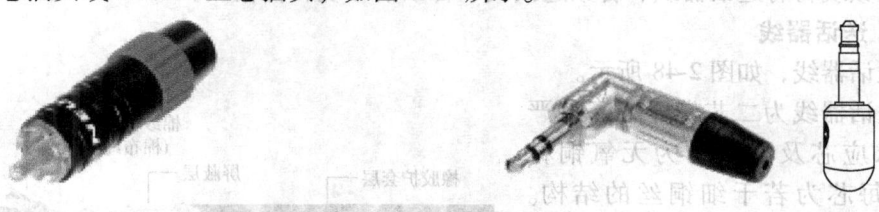

图 2-43　莲花插头（RCA）　　　　图 2-44　小三芯插头或 3.5mm 三芯插头

小三芯插头外观与大三芯插头类似，只是体积要比大三芯小。小三芯插头为三芯，前面说过三芯为平衡信号插头，但在通常的音响工程中小三芯插头多用于计算机及便携式音源（便携 CD/MP3 等）的音频信号输出用，因此将小三芯插头归入非平衡信号插头之列。

3. Neutrik（纽垂克）音箱插头（Speakon）

Neutrik（纽垂克）音箱插头，如图 2-45 所示。

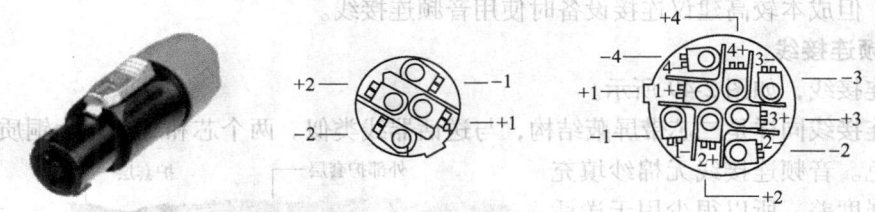

图 2-45　二芯、四芯、八芯音箱插头

Neutrik 插头常用的为四芯，也有二芯、八芯音箱插头，它们外观基本相同，只有尺寸大小的差异。通常情况下音箱的接口为四芯插头，如是八芯插头音箱后部会有标注；功放的输出端口为四芯插头。

4. 常用的视频连接插头

常用的视频连接插头，如图 2-46、图 2-47 所示。

图 2-46　莲花插头（RCA）　　　　　　　　图 2-47　BNC 或 Q9 插头

莲花插头在视频系统中主要是模拟视频信号的输出、输入之用，如 DVD 视盘机视频（图像）输出/小型投影机的视频（图像）输入；BNC 或 Q9 插头主要使用在模拟视频的输出、输入，如部分视频矩阵的输入、输出/大型投影机的视频输入（分量视频）/专业监视器的视频输入。莲花插头和 BNC 插头在视频系统中的作用是相同的，只是接口形式不同。

视频连接插头中还用一种计算机视频信号用的 VGA 插头。接口形状为梯形 15 针，分公、母插头，公头为带针，母头为带孔。实物请参照计算机主机及显示器连接线插头。

二、常用的音频线材

音频线材有送话器线、音频连接线、音频信号缆和音箱线。

1. 送话器线

送话器线，如图 2-48 所示。

送话器线为二芯带屏蔽（按严格要求应芯及屏蔽均为无氧铜材质），每芯为若干细铜丝的结构。通常由两芯、每芯的护套层、抗拉棉纱填充物、屏蔽层及外层橡胶护套层组成。送话器线外部橡胶护套层通常为黑色，也有红、黄、蓝、绿等不同颜色。屏蔽层分为缠绕和编制两种，缠绕为屏蔽层缠绕在两芯及棉纱填充物外部，编制为屏蔽层按照"网状"结构缠绕在两芯及棉纱填充物外部。编制屏蔽送话器线比缠绕屏蔽送话器线从物理角度来讲抗干扰能力要好同时价格也稍贵一些。送话器线也可作设备之间的连接，但成本较高建议连接设备时使用音频连接线。

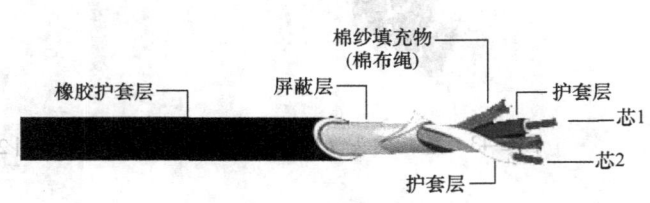

图 2-48 送话器线

2. 音频连接线

音频连接线，如图 2-49 所示。

音频连接线同样是二芯带屏蔽结构，与送话器线类似。两个芯和屏蔽层为铜质镀锡，外观为银白色。音频连接线无棉纱填充物，抗拉强度差，所以很少用于送话器的连接，在特殊情况下可作短距离临时连接送话器用。通常在音频工程中机柜内部的设备连接采用音频连接线，因为音频连接线比送话器线细一些，方便机柜内部线材的捆扎，捆扎后比较漂亮且成本比送话器线低。

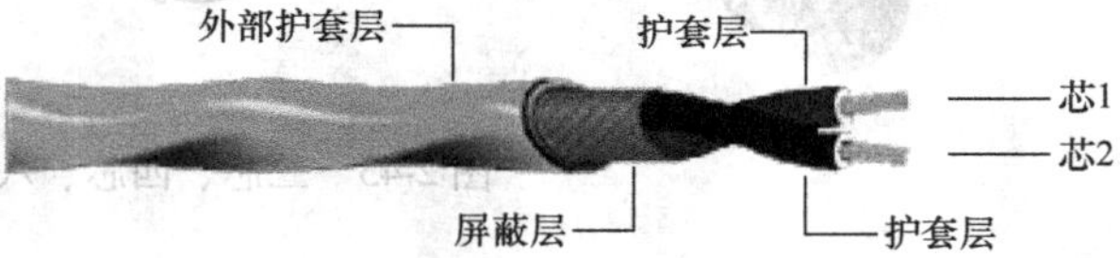

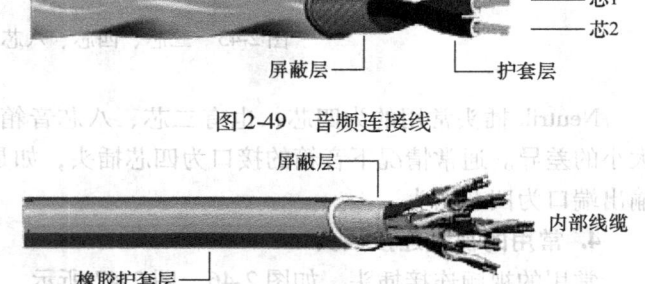

图 2-49 音频连接线

3. 音频信号缆

音频信号缆，如图 2-50 所示。

音频信号缆其实就是若干根音频连接线组合在一根缆线中。因内部音频连接线的数量不同，所以有 4、8、12、24 等路数之分。音频信号缆的重量较大，通常缆的内部有一根钢丝来增加抗拉强度。音频信号缆多用于现场演出中周边设备与功放的信号传输连接、音响工程中控制室至舞台的信号连接。

图 2-50 音频信号缆

4. 音箱线

音箱线，如图 2-51 所示。

音箱线从外观来说有护套音箱线、金银音箱线之分，护套线根据外层护套和使用场合的不同又有橡套音箱线和塑套音箱线等；金银音箱线通常为透明或半透明护套包裹金色和银色的铜质线芯，因此俗称"金银线"，也有两根芯为同色的但在一根芯的外层护套上通常印有文字以便对两根芯进行区分。总之，音箱线最基本为两根各自带有护套的铜质线材。音箱线根据使用要求的不同还有多芯的音箱线，如四芯音箱线。音箱线还有截面积的不同，也就是

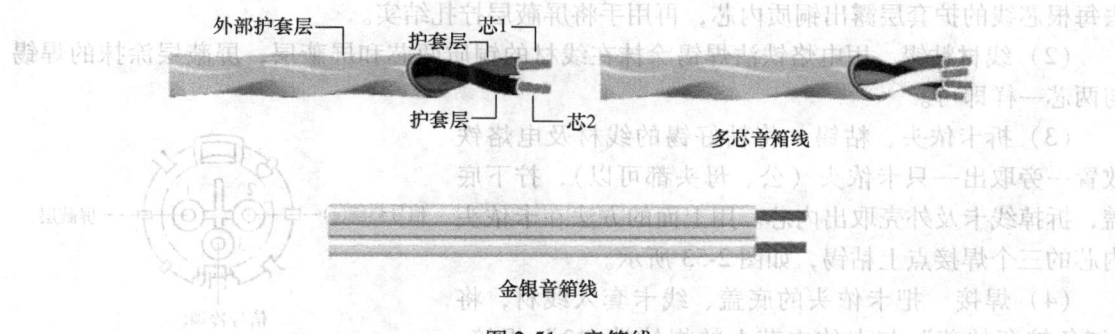

图 2-51 音箱线

铜芯粗细不同，如 $1m^2$、$2m^2$、$4m^2$ 等。截面积越大的音箱线传输信号时功率损失越小。

三、线材的制作

线材制作分为音频线材和视频线材的制作。音频线材中很多线材的焊接方法是相同的，线材也是可以互用的。

音频插头有平衡和非平衡之分，与之相对应，焊接好的线材同样也有平衡信号用线材和非平衡信号用线材的区分。平衡信号线材包括卡侬线（公对母、公对公、母对母）、卡侬（公、母）对大三芯、大三芯对大三芯；非平衡信号用线材包括大二芯对大二芯、莲花对莲花、大二芯对莲花。平衡与非平衡插头也可在一根线材上使用，即平衡信号转非平衡信号用线材，如卡侬（公、母）对莲花或大二芯插头、大三芯对莲花或大二芯插头。总之，一根线材的两端均为平衡信号插头那么就是平衡信号用线材，两端均为非平衡信号插头就是非平衡信号线材。

这里需要强调的是信号平衡与否并不取决于插头和线材，而是取决设备是否采用平衡或非平衡的形式输入和输出信号，可以从设备背板的输入和输出接口来了解该设备是采用什么输入、输出方式。卡侬及大三芯输入、输出的设备为平衡输入、输出方式，大二芯及莲花头输入、输出的设备为非平衡输入输出方式。

1. 卡侬（平衡）线的制作

卡侬线常用于送话器与调音台，调音台主输出与周边设备（如均衡器、分频器、音箱控制器、周边设备（均衡器）、分配器或音箱控制器与功放的连接，总之用于卡侬输出、输入设备之间的连接。卡侬输入、输出的音响设备（见图 2-52）输出信号端为"卡侬公座"（与母头连接），输入信号端为"卡侬母座"（与公头连接），因此设备连接用的卡侬线

输出端口/卡侬公座　　输入端口/卡侬母座
（与卡侬母头连接）　　（与卡侬公头连接）

图 2-52　卡侬输入、输出端口

的一头为"卡侬公头"，另一头为"卡侬母头"的送话器线或音频连接线。下面以送话器线为例制作一根卡侬线。

（1）剥线　在剥线前，将电烙铁通电使之升温。先选择一根送话器线用偏口钳在距离一端约 2.5cm 处剥去外层橡胶护套层，拨开屏蔽层，去除棉纱填充物（音频连接线无棉纱填充物），只留下带护套层的两芯及屏蔽层。再用剥线钳或偏口钳在距每根芯的 0.5cm 处刨

去每根芯线的护套层露出铜质内芯，再用手将屏蔽层拧扎结实。

（2）线材粘锡　用电烙铁沾焊锡涂抹在线材的铜质两芯和屏蔽层，屏蔽层涂抹的焊锡与两芯一样即可。

（3）拆卡侬头、粘锡　将粘好锡的线材及电烙铁放置一旁取出一只卡侬头（公、母头都可以），拧下底盖，拆掉线卡及外壳取出内芯。用上面的方法在卡侬头内芯的三个焊接点上粘锡，如图2-53所示。

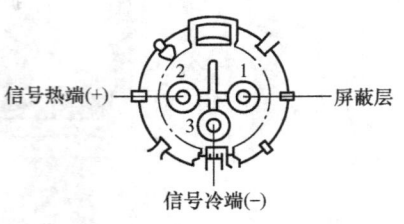

图2-53　卡侬头内部结构图

（4）焊接　把卡侬头的底盖、线卡套入线材，将"红色护套的芯"与卡侬内芯上的焊接端"2"焊接；将"白色护套的芯"与卡侬内芯上的焊接端"3"焊接；将"屏蔽层"与卡侬内芯上的焊接端"1"焊接。将焊接好的内芯插入卡侬头外壳，插紧线卡，拧上底盖后线材的一端就焊接好了。采用同样的方法焊接线材另一头。

需注意的是，如已焊接好的一端"红色的芯"焊接的是卡侬内芯的焊接点"2"，那么"红色的芯"另一端的也应焊接在另一端卡侬内芯的"2"端点上，依此类推。也就是说同一根芯的两端应焊接在两个头的同一焊接点上，卡侬头内芯的焊接端"1"始终与送话器线或音频连接线的"屏蔽"焊接在一起，如图2-54所示。

图2-54　卡侬公母头连接图

2. 大三芯（平衡）线的制作

大三芯头的线材制作方法从剥线到线材、插头焊接点粘锡都是和卡侬线的焊接相同。要注意的是在通常情况下大三芯头的"1"为平衡信号"＋"端（热端），"2"为平衡信号"－"端（冷端），"3"为平衡信号"屏蔽"端，如图2-55、图2-56所示。

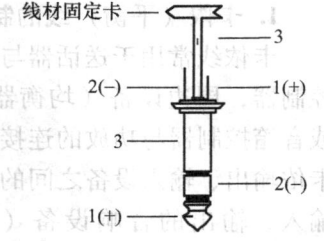

图2-55　大三芯头内部结构图

大三芯焊好后就要固定线材，大三芯的线材固定卡是与屏蔽端连为一体的。具体方法是将线材整理直用尖嘴钳将"固定卡"轻轻弯曲包裹住线材后再用尖嘴钳将固定卡钳紧。因固定卡边缘比较锋利，固定线材时注意不要把各护套层扎破以免形成短路及断路。

图2-56　大三芯头连接图

3. 大三芯对卡侬头（公、母）线材的制作

在实际工作中会遇到所带的卡侬头（公/母）或大三芯头不够用了，而设备的输入和输出端口同时具有卡侬和三芯两种形式，那么就可以制作一条卡侬（公/母）对三芯的线材。

剥线、线材、插头粘锡、线材套底盖步骤完成后具体焊接点位如图 2-57 所示。

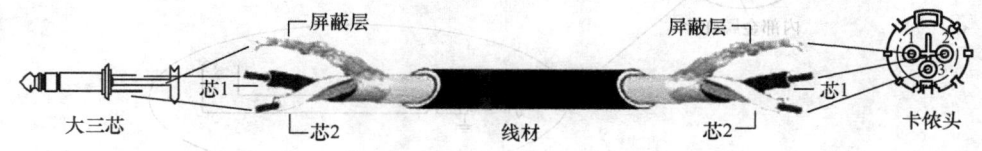

图 2-57　大三芯转卡侬连接图

4. 音源（非平衡）线的制作（大二芯对莲花头）

大二芯对莲花头的线材常用于音源（DVD、卡座、VOD 单机板等）与调音台的连接、KTV 工程中音频设备之间的连接。通常音源设备的输出、输入接口均为莲花接口形式，调音台的音源输入接口为大二芯形式，如图 2-58 所示。

5. 平衡转非平衡线材的制作

在实际的设备连接中，有时会发现两个相互连接设备的输入或输出接口是不同的，如一个设备是平衡的，一个设备是非平衡的。这时就需要一根平衡转非平衡的线材。平衡转非平衡的线材中经常用到的是卡侬（公/母）转大二芯线。

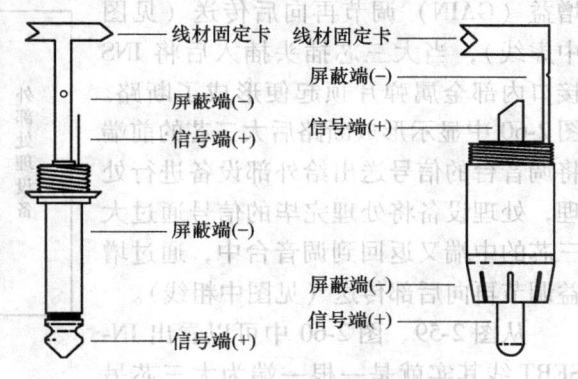

图 2-58　大二芯、莲花头焊接点位图

焊接平衡转非平衡线材时，一定要注意非平衡端那根芯与屏蔽拧结在一起，如果拧结错误线材将无法使用。焊接时卡侬的焊接点"2"（热端）对应大二芯的"信号端（+、热端）"焊接点，卡侬的焊接点"1""3"在大二芯端拧结在一起焊接到大二芯的"屏蔽端（-）"。

6. INSERT 线的制作

在一套专业音响系统中，音频信号是通过调音台进行混合后分配给其他的周边处理设备进行各种相关的处理。

通常情况下信号通过平衡的卡侬（MIC）或非平衡的线路（LINE）接口及返回（RETURN，二芯非平衡）接口进入调音台，在调音台混合后再通过总输出（ST/L、R/MIX/MAIN）、辅助输出（AUX SEND）、编组输出（GROUP OUT）等接口将音频信号传送出入。上述接口都是独立的输出或输入接口，在调音台上还用一种将输出、输入集为一身的接口，这种接口旁都有"INSERT"（读"因斯特"）或"INS"（读"因斯"）字样，因此称之为"INSERT"或"INS"接口。通过调音台的 INS 接口，可以任意对一个或几个不同的音频信号进行不同的处理。INS 接口为大三芯接口，从调音台前端信号流程（见图 2-59、图 2-60），可以很直观地了解 INS 接口是怎样通过大三芯插头实现输入和输出的。

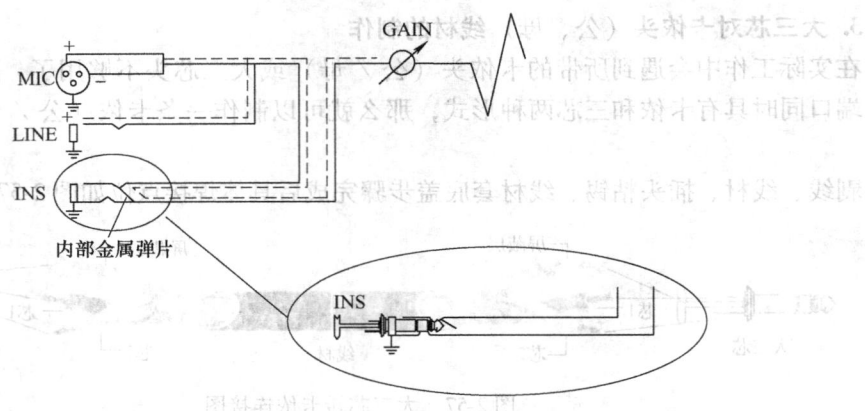

图 2-59 INS 接口内部结构

从图 2-59 中可以看到：INS 接口无插头时，信号是从 MIC 或 LINE 输入到调音台后通过增益（GAIN）调节再向后传送（见图中虚线），当大三芯插头插入后将 INS 接口内部金属弹片顶起便形成了断路。图 2-60 中显示形成断路后大三芯的前端将调音台的信号送出给外部设备进行处理，处理设备将处理完毕的信号通过大三芯的中端又返回到调音台中，通过增益调节再向后部传送（见图中粗线）。

从图 2-59、图 2-60 中可以看出 IN-SERT 线其实就是一根一端为大三芯另一端分成两个大二芯的线，如图 2-61 所示。

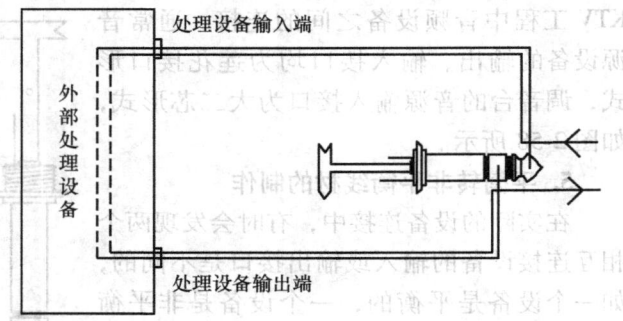

图 2-60 大三芯与 INS 接口连接

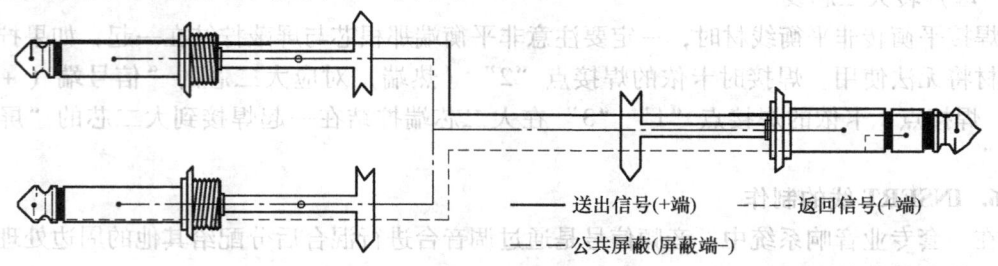

图 2-61 大三芯分为两个大二芯信号连接图

剥线及分线完成后，就要在线材和插头的焊接点上粘锡了，粘完锡后开始焊接。

INSERT 线只用于调音台和其他音频处理设备的连接，因此 INSERT 接口通常是在调音台上。最基本的调音台都有输入回路的 INSERT 接口，有一些带编组的调音台还具有编组 INSERT 接口，如图 2-62 所示。

7. 音箱线的制作

在连接一套音响系统时功放输入以前的信号输入、输出线材都是用送话器线或音频连接线，而功放与音箱的连接就需要音箱线和音箱插头了。在了解音箱线的制作之前，先介绍一下功放的输出、音箱的输入端口及相应的标注，只要明白了图示的标注后，箱线的制作就非常简单了，只是"对号入座"罢了。

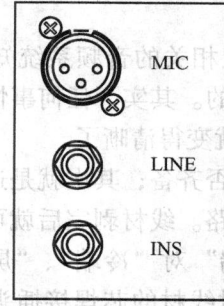 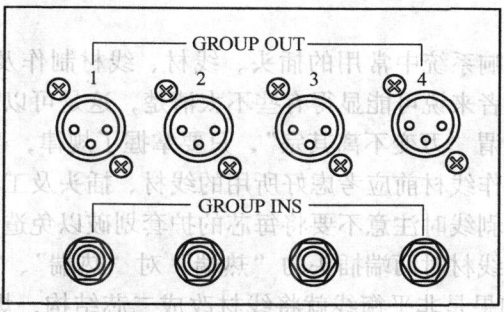

图 2-62 调音台支路输入端口/编组输出端口

现在各厂家生产的功放在输出的接口方式上通常有两种：一种为"接线柱"式，一种为"NEUTRIK 头"的方式，如图 2-63 所示。

图 2-63 是一台常用功放的输出部分面板图。其中，中间部分为"接线柱"输出，两侧为"NEUTRIK 头"输出。有些功放为了方便用户使用，同时提供两种接线方式。无论是"接线柱"输出还是"NEUTRIK 头"输出都有 CH1／CH2（有的功放标注为 A／B）及"＋、－"的标注，此标注说明该功放具有两个输出通道，每个通道的信号又有"＋、－"之分。在前面介绍"NEUTRIK 插头"时说过这种插头有 2 芯、4 芯、8 芯之分，功放输出端的"NEUTRIK"输出均为 4 芯，但只接其中 2 芯。在通常状态下和"非桥接（BRIDGE）"状态下功放的"NEUTRIK"输出端口输出的点位为"＋1、－1"，也有其他点位的如"＋2、－2"。因此，在用"NEUTRIK"输出时请查看功放输出端的提示。

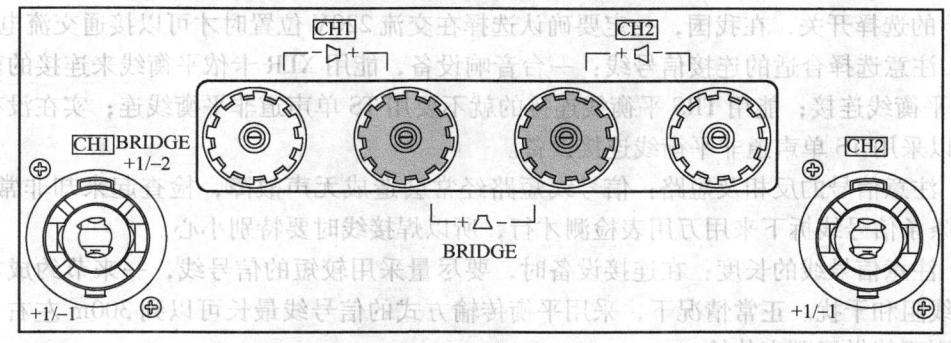

图 2-63 常用功放的输出部分面板

音箱的输入端口也有"NEUTRIK""压线卡"及"接线柱"等形式。通常带"NEU-TRIK"输入端口的音箱会有两个"NEUTRIK"端口，也会有"PARALLEL INPUTS"（并连输入）字样或者一个标示"IN"、一个标示"OUT"字样，其实这两种标注的意思是相同的，即两个接口是并接，可以任意使用其一，并且也可通过另一个接口并接其他音箱；"PIN1 ＋／1 －、PIN2 ＋／2 －"表明是 4 芯的音箱插头。

8. 视频线的制作

视频插头通常有莲花头和 BNC 头，视频线为单芯带屏蔽的结构，芯的护套较厚。焊接时只需将芯焊接在莲花头的"信号端"，屏蔽焊接在莲花头的"屏蔽端"就可以了。BNC 头和莲花头的焊接方法是相同的，只是接口样式不同。音频线与视频线的阻抗不同，但音频线可以在短距离内临时代替视频线来使用。

四、总结

以上就音响系统中常用的插头、线材、线材制作及与之相关的音频系统知识进行了介绍，对于初学者来说可能显得有些不太清楚，这是可以理解的。其实，任何事情都是有它的规律性，正所谓"万变不离其宗"，只要掌握了规律，事情就变得清晰了。

首先，制作线材前应考虑好所用的线材、插头及工具是否齐备；其次就是选择适当的线材进行剥线。剥线时注意不要将每芯的护套划破以免造成断路。线材剥完后就可以粘锡焊接了，焊接平衡线材时两端插头的"热端"对"热端"、"冷端"对"冷端"、"屏蔽端"对应"屏蔽端"。如果是非平衡线就将线材改成二芯结构，焊接时线材的芯焊接插头的"信号端（+）"，拧结后的芯焊接在插头的"屏蔽端（-）"。非平衡转平衡线材的制作时，平衡端按平衡的焊接方法，非平衡端将信号"冷端"与"屏蔽"拧结在一起再焊接；在非平衡端芯线焊接插头的"信号端（+）"、拧结的芯焊接在插头的"屏蔽端（-）"。需要向大家提醒的是：线材在焊接之前请将各插头的"底盖"及"套管"套入线材，否则线材焊接完毕后才发现无法安装底盖而造成重复工作。总之，线材和插头是设备与设备之间信号传递的载体，理解了设备输出、输入端口的对应点位后制作线材就很简单了。

五、设备连接注意事项

1）注意电源：音响设备要有专用的电源，要和灯光的电源分离，而且灯光喜欢低一点的电压，但音响则要标准电压。有了专用电源后，还要有稳定可靠的电源插座，可以尽量使用"电源时序器"，虽然成本增加但提高了稳定性和易用性。总之，正确、稳妥地连接好所有音响设备的电源是至关重要的。还有一点要注意：有些进口设备交流电源部分会有110V和220V的选择开关，在我国，一定要确认选择在交流220V位置时才可以接通交流电源。

2）注意选择合适的连接信号线：一台音响设备，能用XLR卡侬平衡线来连接的就不要用TRS平衡线连接；能用TRS平衡线连接的就不要用TS单声道非平衡线连；实在没有办法时才可以采用TS单声道非平衡线连接设备。

3）注意信号的反相及短路：信号线短路经常会造成无声故障，检查起来却非常麻烦，除非一条条信号线拆下来用万用表检测才行，所以焊接线时要特别小心。

4）注意信号线的长度：在连接设备时，要尽量采用较短的信号线，一来节约成本，二来减少线阻和干扰。正常情况下，采用平衡传输方式的信号线最长可以到300m左右，而非平衡线则不能做远距离传输。

5）注意设备的电平：如果设备后面板上有4、-10或-20电平开关转换时，正常情况下要放在4位置，这样才是标准电平。

6）注意直通：很多设备都有一个直通（Bypass）键，直通时该设备一般就不起作用了，所以要注意检查这个按键。如果让压限器直通不起作用了，那压限器后面的设备就失去了保护的作用。

7）小心误操作：由于设备多、按键多，所以往往容易发生误操作，比如：有一些电子分频器上有一个"×10"的按钮，大家注意不要轻易按下它。例如分频点调整在200Hz时，按下此按钮200Hz×10就变成2000Hz了，因此一定要避免误操作。

评一评：

任务检测与评估见表 2-3。

表 2-3 任务检测与评估表

考核内容	考核要素	考核细则	分值	学生自评	教师评估
职业素养	专业知识、个人修为	有足以胜任本职岗位的专业知识及操作技巧；为人友善谦逊，能主动关心、帮助同事，团队友爱，融入大家庭	5		
工作态度	责任心、忠诚度	服从领导工作安排，不阳奉阴违；当工作中发现问题和疏漏时，及时通报不掩盖	5		
工作失误	差错项	工作作风严谨，工作责任感强，在工作中无差错、失职情况，且未有因为个人工作失误而给团队带来不良影响及后果	5		
工作纪律	考勤	实施任务过程中全勤无请假，且无迟到、早退、旷工等违纪现象	5		
岗位职责关键指标	派工跟进	按照合同等要求，跟进安装进程并催进；要求严格按照合同操作，进程安排得当，保证客户时间及时不拖延	20		
	派工单处理	及时处理派工单，服务单填写完毕后及时与客户做相关确认，并与信息部交接清楚	10		
	辅材配件工具管理	完成派工后辅材配件工具等及时入库，核实数量，工具保养，要求不影响下次使用	10		
	回访	通过电话和上门形式，对客户进行回访，及时妥善处理回访中的问题	10		
	学习	对于上司安排的训练，积极参加，灵活应用，对工作及时做出调整	10		
	问题处理	在与客户沟通交流中，对于客户反馈的问题，及时报告，妥善处理，将解决结果、时间做好记录，并能够善于总结经验教训，提升服务意识与技巧	10		
		有强烈的营销服务意识，善于把握客户心态，在给客户提供完善的服务与良好的互动中，促成销售，完成销售目标	10		

任务三 维修保养

维修保养工作是质量管理在使用过程的延续，是实现商品使用价值的重要保证。现在，消费者十分强调产品质量问题，而产品质量只有在使用过程中才能完全地表现出来。由于生产、运输、安装及使用中的种种原因，售出产品的使用价值可能受到损坏，而维修保养作为一种补救措施，可以保证产品的使用价值，为消费者排除后顾之忧。同时，在维修保养中，可以把顾客对产品的意见和要求及时反馈到企业，促使企业不断提高产品质量，更好地满足客户的需求。

【任务设计】

某公司的专业音响设备出现故障，请你上门完成设备的检测与维修。

【任务要求】

1. 按照服务规范进行着装。
2. 按规范使用服务用语。
3. 熟练掌握 DVD 视盘机常见故障的分析与检测。
4. 熟练掌握功率放大器常见故障的分析与检测。
5. 熟练掌握调音台常见故障的分析与检测。
6. 熟练掌握电视机常见故障的分析与检测。
7. 熟练掌握均衡器常见故障的分析与检测。

【任务实施】

★ 做一做

- DVD 视盘机不能正常播放故障检测。
- 调音台输出无声音故障检测。
- 均衡器输出无声音故障检测。
- 功率放大器一个声道无声音故障检测。
- 音箱常见故障检测。

1. 实训目的

通过学习各种设备的工作原理与常见故障的分析，掌握各种设备的维修技术。

2. 所需工具及设备

DVD 视盘机、调音台、均衡器、功放机、液晶电视机、音箱、万用表、斜口钳、电烙铁、螺钉旋具、镊子等。

3. 实训步骤

1）根据各种设备的故障现象写出分析报告。
2）根据分析报告进行故障检修。
3）通电调试设备。

4. 实训报告

把实训中的心得体会及遇到的问题记录下来，并与小组成员讨论。

学一学：

知识 1　DVD 视盘机的常见故障分析与检测

一、DVD 视盘机基本组成与工作原理

DVD 视盘与 VCD 视盘机一样，都是 CD 家族的一员，它们都是集光、机、电于一体的数字化设备，它们之间都有相同或类似的光学读取机构、伺服控制系统、微处理控制系统、

都是以微处理器控制为核心的数字音、视频设备。它们都采用了和一般计算机相同的工作方式，即按软件设定的流程进行工作。从它的开机到输出音、视频信号都是按特定的程序进行的，一旦某个环节出现故障或未通过，后面的流程也会终止。因此在对DVD视盘机故障进行检修时，应按照其工作流程来检查与分析，这样可以收到事半功倍的效果。DVD视盘机品种繁多，其电路也各不相同，但它们的系统工作流程基本上是相同的。整机框图如图2-64所示。

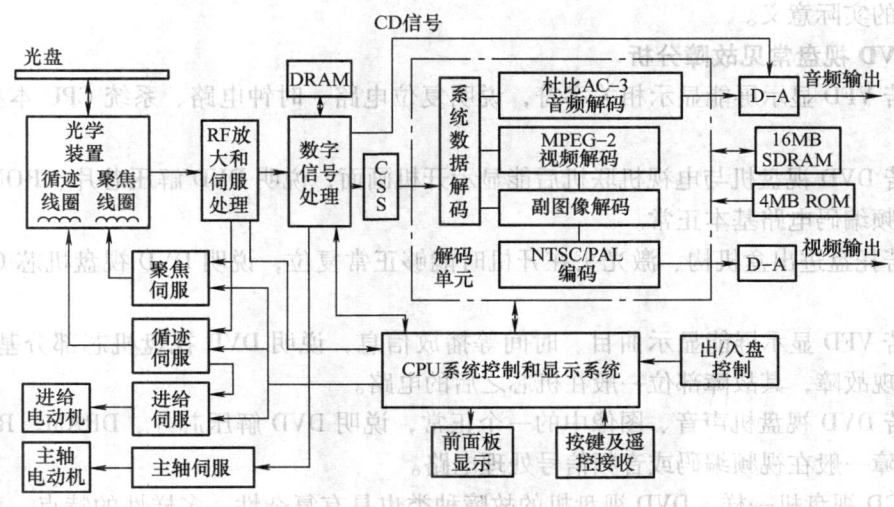

图2-64 DVD视盘机框图

1. 控制系统的工作过程

接通电源后，控制系统首先进行复位（Reset）操作。由复位电路发出复位脉冲，对主控微处理器进行复位；然后微处理器对其他数字IC（如操作显示微处理器、DSP、解压缩电路、存储器等）进行复位，使之初始化，并将ROM中的工作程序载入DRAM与解码器，产生开机画面；最后对机芯电路初始化，完成托盘和激光头复位，进行聚焦搜索、检测，直至完全进入伺服状态，激光头读出目录区内容，并将工作状态显示在荧光屏上。

2. DVD视盘机读盘过程

视盘机通电光盘装入机芯后，控制系统首先进行复位操作，包括机械复位（托盘进入、激光头在最内圈位置）和电路复位（各数字电路初始化）；控制系统检测到复位完成后，即发出LD ON信号和聚焦搜索指令，激光二极管发射激光，激光头物镜大幅度上下运动执行聚焦搜索；找到焦点后，聚焦检测电路发出FOK信号和聚焦过零信号FZC，控制系统收到此两个信号即驱动主轴电动机旋转，接通各伺服环路相继进入伺服状态，激光头开始读TOC（目录表），读出TOC将其存入RAM，并显示目录及时间信息。然后主轴电动机停止转动进入待机状态，此时若键入操作指令，视盘机即按操作指令工作。

3. DVD视盘机的光盘信息读取原理

读取信息时，激光束聚焦到信息面上，并扫描唱片信迹，反射回来的光束被唱片上的坑槽所调制，即反射激光束包含了唱片上记录的信息，此激光束被光电检测器接收，将光信号转变成电信号，完成唱片信号的读取。

不同厂家生产的DVD视盘机功能各异，但电路构成基本相似。DVD视盘机向下兼容

VCD、CD、SVCD 等光盘，其电路原理大部分与 VCD 相似。DVD 视盘机的伺服电路和 VCD 机一样，都由聚焦伺服电路、循迹伺服电路、进给伺服电路和主轴伺服电路组成，只是 DVD 视盘机的伺服电路要求更高，主轴转速更稳定，以实现准确读盘。

二、DVD 视盘机常见故障检修流程

根据统计数据，DVD 视盘机故障率最高的部件是电源、激光头和伺服系统，故障现象是不能读盘、不动作、无指示等。因此分析视盘机以上故障的成因，掌握检测、维修方法，具有重要的实际意义。

1. DVD 视盘常见故障分析

1）若 VFD 显示屏能显示相关字符，说明复位电路、时钟电路、系统 CPU 本身工作正常。

2）若 DVD 视盘机与电视机联机后能显示开机画面，说明 DVD 解压芯片、ROM 只读存储器、视频编码电路基本正常。

3）若托盘进出盒机构、激光头在开机时能够正常复位，说明 DVD 视盘机芯 CPU 正常工作。

4）若 VFD 显示屏能显示曲目、时间等播放信息，说明 DVD 视盘机芯部分基本正常，若此时出现故障，其故障部位一般在机芯之后的电路。

5）若 DVD 视盘机声音、图像中的一个正常，说明 DVD 解压芯片、DRAM、ROM 电路正常，故障一般在视频编码或音频信号处理电路。

与 VCD 视盘机一样，DVD 视盘机的故障种类也具有复杂性、多样性的特点。和其他家用电子产品相比较，DVD 视盘机的维修难度更大。然而每种故障的出现，也必定存在一定的规律性，我们只有认识并掌握这些规律，才能从错综复杂的故障现象中发现相关的线索，从而确定故障的部位或故障元件。

2. DVD 视盘机常见故障的检修流程及检修方法

（1）不读盘的故障检修　不读盘的故障部位绝大部分在 DVD 视盘机芯部分，主要有系统 CPU 或机芯 CPU 及外围电路的故障，因为整机大多数电路都是在系统 CPU 的参与控制下完成工作的。不读盘的故障检修流程如图 2-65 所示。

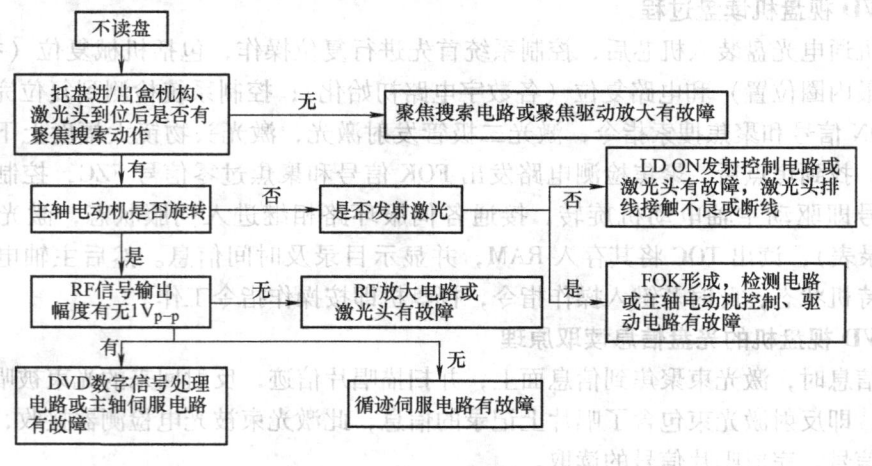

图 2-65　不读盘检修流程

(2) 开机不显示的故障检修　由 DVD 视盘机的系统工作流程图可知，开机显示屏不显示，应重点检查电源供电电路、操作显示电路、显示屏或系统 CPU 电路。为缩小故障部位，可连接电视机观察是否有图像和声音，若有图有声说明故障在操作显示供电电路、操作显示电路或显示屏本身损坏；若无图无声说明故障在系统 CPU 控制电路或整机供电电路。开机不显示的故障检修流程如图 2-66 所示。

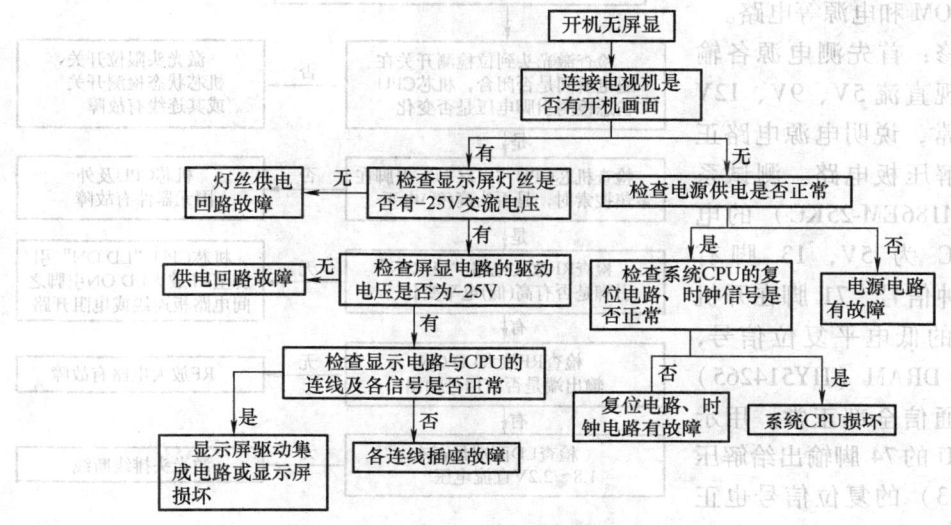

图 2-66　开机无屏显检修流程

(3) 主轴电动机不转的检修　主轴电动机不转应重点检查 RF 放大、FOK 信号形成电路、主轴伺服电路、主轴电动机驱动电路和主轴电动机等，其检修流程如图 2-67 所示。

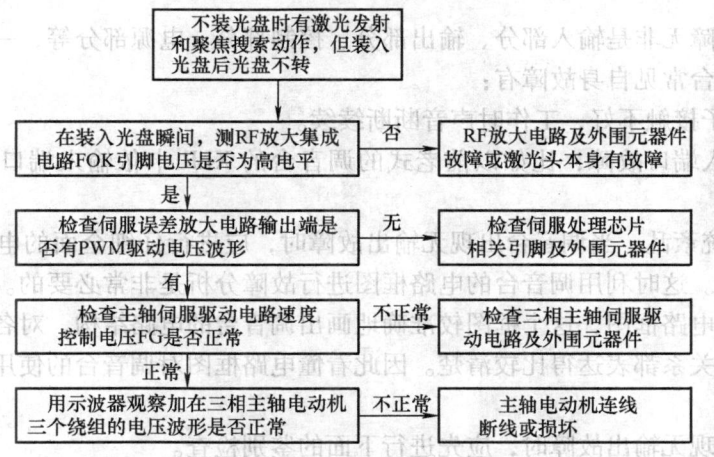

图 2-67　主轴电动机不转检修流程

(4) 无激光发射检修　由 DVD 视盘机系统工作流程图可知，无激光发射应重点检查机芯的状态检测电路、系统 CPU 的 LD ON 控制引脚电压、LD 驱动电路等。其检修流程如图 2-68 所示。

3. DVD 视盘机的故障检修实例分析

机型：先科 AEP-830P。

故障现象：开机无屏显，电视机也无开机画面。

故障分析：由 DVD 视盘机系统工作流程知，无屏显和开机画面，应重点检查系统 CPU 的正常工作条件、解压芯片、DRAM、EPROM 和电源等电路。

故障检修：首先测电源各输出电压，发现直流 5V、9V、12V 和 24V 都正常，说明电源电路正常，故障在解压板电路。测试系统 CPU（AM186EM-25KC）的电源电压 VCC 为 5V，13 脚有 27MHz 的时钟信号，71 脚在开机瞬间有跳变的低电平复位信号，说明 CPU 与 DRAM（HY514265）之间的数据通信全部正常。用示波器测试 CPU 的 74 脚输出给解压芯片（ZiVA-3）的复位信号也正常，故障应在 ZiVA-3 或 EPROM（HY28F800），试着先更换 EPROM，机器恢复正常。

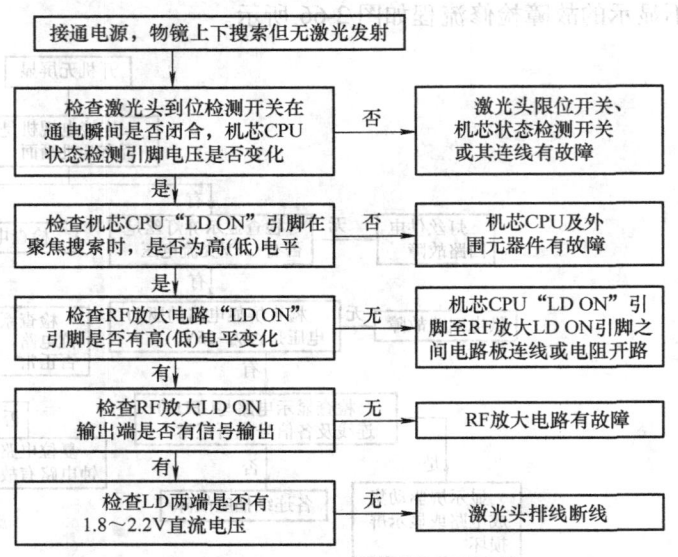

图 2-68　无激光发射检修流程

检修措施：更换 EPROM 芯片，故障排除。

知识 2　调音台常见故障分析与检测

调音台的故障无非是输入部分、输出部分、控制部分、电源部分等，一般是由于设备老化造成的。调音台常见自身故障有：

1）音量推子接触不好，工作时声音断断续续。

2）通道输入端口故障，比如以前老式的调音台的 XLR 卡侬输入端口很容易"连根拔起"。

3）控制系统紊乱。当调音台出现无输出故障时，应进行仔细全面的电路分析，以便迅速找到故障部位。这时利用调音台的电路框图进行故障分析是非常必要的。一般调音台的使用说明书都附有电路框图，这个框图较准确地画出调音台的电路结构，对各种工作模式、各个信号接口间的关系都表达得比较清楚。因此看懂电路框图对调音台的使用和维修都有较大帮助。

当调音台出现无输出故障时，应先进行下面的鉴别检查。

是否两声道均不工作？这里应确认是只有一个声道无输出还是两声道均无输出。可先将 DVD 的一路信号输入一组单元中，检查该输入单元的声像控制（PAN）钮是否位于某一边（如转到右边最大位置），只将信号送入了一个声道。检查时可将声道控制旋钮旋到中间位置，这时若仍只是右声道有声，左声道无声，就确诊了只有一个声道不工作（左声道）。

是否只是这一个输入单元工作不正常？这一步应换一个输入单元输入 VCD 信号，并将此单元的声像控制钮旋到中间,如果这时两声道均有输出,说明前一个输入单元工作不正常。若换一输入单元仍为左声道不工作,则说明故障可能不在输入单元。

电源是否正常?若左右声道均无输出,应检查电源电路是否接通,电源指示灯(LED)是否发光。一般若电源指示灯发光,则说明电源电路基本正常。若经过以上检查以后,断定电源电路正常,输入单元也正常,就可以进一步检查输出单元电路。输出单元电路按以下步骤进行:

从输入单元输入信号后,将声像控制旋钮旋在中间位置。假设仍为左声道无输出,将输入单元的音量推子开大后,观察左声道输出电平有无输出指示。若有指示,说明缓冲放大器输出正常。从"左总插入"插座输入 VCD 信号,试验左声道输出放大器是否正常。从"左总插入"插座输入信号时,应做一个专用的输入插头。此插头应选一个 6.35mm 的三芯插头,VCD 信号应输入到地线(外套)和中环之间。若从"左总插入"输入信号,输出端仍无输出,故障就在左声道的输出放大器中。

若在上面的检查中,左声道电平无指示,说明故障可能在缓冲放大器中。在上面的检查中,若左声道电平有指示,从"左总插入"插座输入信号时也有输出,但是从单元注入信号时左声道仍无输出,则故障在"左总插入"插座上(如"断点"接触不良),可直接将"断点"短路后进行试验。

在上面的鉴别检查中,还可以从"效果返回"插口和"辅助输入"输入 VCD 信号,看看总输出信号是否正常,这样也可以检查出放大器的工作是否正常。若从"效果返回"插口或"辅助输入"插口注入信号,左右声道的输出均已正常,则说明输出放大器工作基本正常。

在以上的检查中,都可以单独检查调音台,不需要接入功放音箱等,检查的方法是在调音台的输出端(包括左、右 总输出端和平面声输出端)直接接入监听耳机,就可监听到调音台的输出信号。

知识 3 均衡器常见故障分析与检测

均衡器常见自身故障:均衡器推拉键接触故障,这一点是最常见的,主要与设备老化和恶劣的环境有关。均衡器内在线路故障,一些均衡器只有一路信号输出。

1)有一些调音台会带有 7~9 段均衡器,这样的均衡器只可以简单调整音色,属于一种辅助性质,因此在使用时最好不要对这样的均衡器进行大的提升,否则调音台主输出的电平往往会超标。另外,这样的均衡器一般有个开关,使用时要注意此开关的工作状态。

2)有些双通道 15 段的均衡器会有一个状态转换开关,可以把双通道的 15 段均衡器转换成单通道的 30 段均衡器,此时就要注意看清每一段的频率后再调整。

3)我们目前使用最多的就是双通道 31 段均衡器,需要注意的有以下几点:

①6dB 和 12dB 转换开关:有些均衡器有 6dB 和 12dB 的工作状态转换开关,一般情况下还是调整在 12dB 较好。

②低通或高通:有些均衡器有低通或高通调整功能,调整时要注意,如果把低音衰减的太多,声音就不丰满太单薄了;把高音衰减的太厉害,声音就太暗淡没有穿透力了。

③频率推拉键:调整时要注意均衡器的每一个频率推拉键,看是否正常;同时注意推拉键不要做太大的衰减或提升,特别是提升时一般不要超过 6dB。

4）连接：均衡器的输入和输出一般有 XLR 卡侬和 TRS 两种端口，除了形状不一样以外，功能还是一样的，其实都是平衡线路端口，因此连接均衡器时要使用 XLR 卡侬信号线和 TRS6.35 立体声信号线来做平衡连接。

知识 4　功率放大器常见故障分析与检测

在专业音响设备中，功率放大器是故障率较高的一种设备。这是因为功率放大器通常工作在高电压大功率工作状态，使用中稍有不慎或不按规定操作，或与音箱配接不当，都有可能造成功放的损坏。也有一些功放本身可靠性不高，或因某个元器件故障造成损坏。

一、AV 功率放大器的组成与工作原理

1. AV 功率放大器的组成

AV 功率放大器通常由音/视频输入选择、声场解码处理、前置处理、功率放大（可与音频功放共用）和电源等五部分电路组成，其电路组成如图 2-69 所示。现在的 AV 功放在此基础上除增加了微计算机（CPU）控制、遥控功能和显示部分外，普遍还增设了卡拉 OK 电路，有的还增加了均衡调节、收音调谐、视频同步增强等电路。

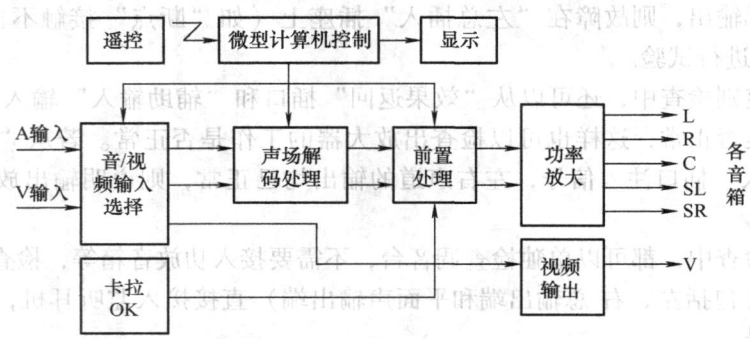

图 2-69　AV 功率放大器框图

2. AV 功率放大器的工作原理

家用中常见的视频信号源有 DVD、LD、VCD、SVCD 影碟机和录像机等，常见的音频信号源有 CD、MD、录音磁带、调谐器等。输入选择电路的作用就是对信号源的音/视频信号进行同步选择，即对同一套信号源输入的音频和视频信号进行同步切换，并对这些信号进行声像录放、声像质量控制、预置运行程序、混合编辑等处理，然后同步输出。有的输入选择电路还设置了视频同步增强电路，确保图像和伴音同步切换和播放，并能够补偿和校正视频信号在传输中的衰减。

声场解码处理电路的作用是对输入选择电路送来的音频信号进行环绕声场解码或模拟声场处理。该部分电路是 AV 放大器的核心，主要功能是对已压缩的信号进行解压缩，对编码的信号进行解码，对普通立体声进行模拟（模仿）或数字处理，从而还原或产生出具有环绕感、临场感的声场效果。常见的声场解码处理电路有杜比专业逻辑（定向逻辑）环绕解码器、杜比数字（AC-3）解码器、DSP 处理器、SRS 处理器及 THX、DTS 等模拟或数字的声场处理电路。

前置处理电路的作用是对声场解码处理电路产生的各声道信号和 Hi-Fi 直通信号进行选

择、控制等预处理。这部分电路包括前置放大和音量、音调、平衡、静音等控制电路以及音乐与卡拉 OK 信号的混合放大电路。对于带显示功能的 AV 功放，在这部分电路中设置了音频取样电路，即对信号的幅度、频率等状态信息进行取样，供微计算机（CPU）进行状态判断和显示驱动。高档 AV 功放中的前置处理电路已基本实现数字化、智能化和集成化。

功率放大电路的作用是对从前置处理电路送来的各声道信号进行功率放大，推动扬声器工作。其电路结构均为多声道，而且根据声场处理电路的输出声道数来决定，一般设计成 4～9 声道。各声道的输出功率不同，一般主声道每路输出功率应在 80～100W，其频响为全频带放大；环绕声道的每路功率一般在 20～40W；超低音功放用来重放 120Hz 以下的低音信号，使重放出的声音浑厚有力，提高临场感，其功率也应在 80W 以上。

在实际应用中，往往将声场解码处理电路和前置处理电路做成一台独立设备，另外配置功率放大器，也有与功率放大器做在一起统称 AV 功率放大器。

二、Hi-Fi 功率放大器与 AV 功率放大器的不同点

1. 放音声道数目不同

Hi-Fi 功率放大器与 AV 功率放大器的基本作用都是将微弱的声音电压信号放大成有一定功率输出的信号，以推动音箱放声，但两者的放音声道数目不同。Hi-Fi 功率放大器一般设计为两声道，推动左、右两组音箱，构成立体声的声场（在家用 AV 系统中，可以作为 L、R 主声道）。而 AV 功率放大器设计为多声道，绝大多数设计为 6～8 路，它是先将信号进行解码等处理，制造出前、后、左、中、右多个声道的信号后，再送往各自的扬声器予以放声，从而构成一个包围听音者的环绕声声场。

2. 放声方式不同

Hi-Fi 功率放大器在放声方式上多以高保真为设计目的，讲究原汁原味地放大信号源发出的信号，一般只设置有高、低音电平的调整和左、右平衡控制，这些设置仅是为了提高放音的音质或起一定的降噪作用。而 AV 功率放大器的放声方式则是以营造声场为主要设计目的，通过其内部的延迟、混响处理电路来控制放音时各声道之间的延迟时间，通过调整延迟时间的长短来模拟出各种听音环境下的声场，例如大厅、教堂、体育场、演播室等。

3. 电路设计不同

从电路设计或电路构成上看，两种功率放大器有较大的差别。Hi-Fi 功率放大器仅仅是放大电路、切换与调整电路的组合，而 AV 功率放大器则多了解码电路、延时电路、混响电路等，并且 AV 功率放大器的放大电路还要负责放大多路信号。因此，AV 功率放大器的放大电路集成度高、电路复杂、信号处理程序多；而 Hi-Fi 功率放大器的电路相对比较简单，信号处理程序少。不过，若单就放大电路来看，同价位的产品中 Hi-Fi 功率放大器的选材和制作工艺要优于 AV 功率放大器。

4. 技术指标不同

Hi-Fi 功率放大器要求对信号实现高保真放大，所以输出功率不一定很大，但要求信噪比很高，一般可超过 100dB，频率响应甚至超过 20Hz～20kHz，对谐波失真度的要求很严格，起码小于 0.01%，动态范围也要大，并对音色、音场定位、解晰力等各方面都有很高的要求。而 AV 功率放大器是视听中心，是结合视与听的音响电路。人们在观看电影碟片时，多把注意力集中在故事情节、视觉效果及语言对白方面，而对背景音乐的细微部分并不十分留意。因此，AV 功率放大器的设计侧重点更在于表现对白的清晰度和视听环境的大动

态"爆棚"效果,还原或模拟出声画合一的声场定位,制造出声场氛围。这样,不但要求AV功率放大器频率范围尽量宽广、失真度小、信噪比高、瞬态特性好、音质、音色优美动听等,而且更注重声压级,即在低失真度的前提下,保证足够大的输出功率。

三、功率放大器常见故障的检修

进行功率放大器的检修,应准备一些基本的设备与工具,如万用表、大功率假负载电阻、监听音箱、各种小工具(如烙铁、镊子、尖嘴钳、斜口钳、剪刀等)。如有条件,还可以准备音频信号发生器、示波器、失真仪等。功率放大器的常见故障为无输出、交流声或噪声大、声音小、失真四类。

1. 功率放大器无输出故障的检修

当功率放大器出现完全无输出或某一声道无输出的故障时,应先将功放从音响系统中拆下来,单独检查。检查时,可不接入负载,接通电源,用万用表测试功放输出端有无直流电压,此电压应接近0V(不超过±100mV)为正常。然后如需通电检查,应在功率放大器输出端接入假负载和监听音箱。一般不要直接接入音箱,以防维修中意外损坏音箱。

功率放大器无输出的故障,可能有以下几方面的原因:

1)电源部分故障。

功率放大器的电源部分故障表现为:指示灯不亮,两声道均无输出。开机进一步检查时,可检测电源熔丝是否已熔断,电源开关的触点是否已烧坏。因为机内有大电容滤波电路,在开机的瞬间形成的冲击电流有时会使熔丝烧断或电源开关的触点烧坏。可以使用万用表的欧姆档测试初级电源回路的通断来判断。也可以在通电后用万用表的交流电压档测试电源变压器的交流一次电压是否正常来判断。若测出变压器一次线圈两端电压正常,二次电压为0V,则可能是变压器一次线圈断路。若测出交流二次电压正常,整流输出的正负电压为0V,则可能是整流桥堆损坏。

2)保护电路的继电器不吸合,将扬声器(音箱)断开。

当功率放大器电路出现直流工作状态异常时,会造成功率放大器输出端直流电压偏移,或是功率放大器输出管的电流过大,都会使继电器不吸合,造成音箱线断开无输出。

造成功率放大器电路输出端电压不正常的原因较多,其中一种原因是电源电路故障(如滤波电容变质失效漏电、桥式整流器某一臂二极管性能变差)等造成正负电源不对称,发生较多的是因为功放电路的直流工作状态不正常。因为功率放大器电路是全对称直流耦合电路,电路元器件任何变化都可能造成输出端电压不正常(正常电压为0±100mV)。从维修实际来看,若测出仅是输出端电压变化,而功放管的电流并不大(测功放管射极电阻电压为0.2V以下),一般可能是前级元器件故障。若测出输出端的电位变化(>±2V),且功放管电流也较大,较大可能是末级大功率管或推动管的故障。检查这类故障的方法是检测各晶体管的工作点,特别是对称电路的两臂是否正常。

此外,若保护电路本身出现故障也会造成继电器不吸合。

3)继电器触点烧坏或接触不良,也会造成无声故障。

2. 功率放大器出现交流声或噪声大的检修

1)功率放大器出现较大的交流声,可能有以下原因:一是电源滤波电路故障,二是桥式整流器中有一臂断路,三是输入电路故障。

当电源滤波电容失效或容量变得很小时,会出现滤波不良,电压纹波太大,因此出现交流声。因为滤波不良，有时还会伴有低频自激声。若只有正电源或负电源的一边滤波电容失效，还会造成正负电源不对称，有时会引起保护电路动作，使继电器不吸合。当桥式整流器有一臂断路时，故障现象与滤波电容失效时略有相似。故障现象是交流声增大，小信号时还能放音，音量稍大时出现信号阻塞或保护电路动作。另外当末级输出管电流过大时，也会造成交流声变大。

2) 输入电路造成的交流声是由输入插口进入的，因此只要拔下输入线或关小输入电平电位器就可消除。造成输入电路交流声的原因一般是输入线的屏蔽层断路或输入线本身质量差，这种情况应换一条质量好的输入线。

3. 功率放大器输出声音小，输出不足，增益下降的检修

1) 输出端某几个功放管断路（或射极电阻开路）。
2) 负反馈回路电容失效，负反馈回路太深，增益降得很低。
3) 检查输入电平控制电位器是否已严重接触不良。
4) 输入耦合电容失效。功率放大器只放出高音频信号，低频成分极少，声音小，发干。

4. 功率放大器输出声音失真故障的检修

一种情况是声音小时失真，声音大时声音比较正常。此类情况一般为功率放大器静态电流低，更换恒压偏置管或调整恒压偏置电阻。

另一种情况是声音小时基本正常，声音大时有较大失真。这种现象可能是：

1) 电源电压过低，使削波输出功率减小，输出大些就会出现削波过载，这种情况可加交流稳压器解决。
2) 输出管有失效或性能变差，造成正负半周信号严重不对称，这种情况应将输出管取下测试鉴别。

应注意的是，当出现声音失真时，应首先检查确认失真不是由音箱引起的，才对放大器进行检查。音响系统中失真有时是由音箱引起，如声音发沙往往是音箱的中低音单元故障引起，声音发闷常常是高音单元烧坏造成的。

知识 5　音箱常见故障分析与检测

一、音箱的作用

音箱就是将扬声器与音箱的箱体配合，实现高保真重放声音的设备。其主要作用有三个，一是消除"声短路"现象，利用箱体的障板作用对箱体内反相的声波进行适当的处理，给扬声器发声提供一个正常的路径，使低频声波更有效地传播；二是消除"声共振"现象，即利用箱体的声阻抗作用消除声波的共振频率与扬声器振膜的谐振频率，发生共振时将出现明显的失真；三是实现有较宽的放音频率范围，其措施是将两个或多个不同频率范围的扬声器，通过分频网络进行合理的组合。

二、音箱的基本结构及分类

1. 基本结构

音箱主要由扬声器、分频器、信号输入接线柱及内附的吸音材料组成。把高、中、低音扬声器组装在专门设计的箱体内，并且经过分频电路将高、中、低频信号分别送至相应的扬声器进行重放，就组成了音箱。

在音箱内填充的吸音材料又称为阻尼材料，其主要作用是抑制低音扬声器在播放大动态信号时产生的谐振，同时改变箱体内空气的弹性。阻尼材料的品种较多，一般有专用吸声棉、玻璃棉、毛毡、泡沫塑料及海绵等。

扬声器安装在音箱内后，可以利用音箱内部声音的传播特性，扩展扬声器低频重放范围，使重放声产生较宏大的声场。

2. 音箱的分类

音箱的种类很多，分类方法各不相同。按分频方式可分为单扬声器音箱、二分频音箱、三分频音箱、四分频音箱、多分频音箱及超低音音箱（低音炮）等。

按用途及性能可分为落地式音箱、书架式音箱、有源音箱、环绕音箱、监听音箱、影剧院用音箱及舞台用音箱等。

按内部结构可分为密闭式、倒相式、迷宫式、前置号筒式、空纸盆式、对称式、克尔顿式及哑铃式音箱等。

三、家庭影院系统中的音箱配置

为了使家庭影院重放的整体声场具有逼真的临场感，一般通过多个声道进行重放，这样就需要由多个不同的音箱来组成音箱系统。家庭影院系统中一般包括主声道音箱、中置音箱、环绕音箱和超重低音音箱。

1. 主声道音箱

在家庭影院的音箱系统中，位于前方左、右的两个主声道音箱在重放的声场中担任主声场的角色，它主要表现整个声场的宏大、深度及规模。

由于左、右主声道的声场包含了整个重放声场中的信号，因此要求左、右主声道的音箱能够重现全部频率的宽度，具有较好的频谱特性，并提供足够的声功率输出，以保证达到一定的响度，而且还应具有较低的失真。

2. 中置音箱

位于前方左、右声道主音箱之间的为中置音箱。在家庭影院重放过程中它主要担负着表现剧情中人物的对白，使人物对白的声场与画面相吻合，得到声像合一的效果。

3. 环绕音箱

位于后方左、右的两个环绕音箱产生的声音主要给欣赏者产生一种立体的空间感和声场的包围感，使欣赏者在一种具有临场效果的气氛中得到较完美的享受。比如，在重放某些移动的画面时，当某一物体从画面的正前方移动至后方时，重放声会随着物体的移动产生从主音箱移动到后置的环绕音箱的效果，使欣赏者有身临其境的感觉。

4. 超重低音音箱

超重低音音箱是将左、右主声道信号中的低频成分进行放大后达到输出超重低音重放效果，它主要是加强重放声场的低频力度，渲染重放中大场景出现时的排山倒海的气势。

主声道音箱、中置音箱和环绕音箱都是全频音箱，超重低音音箱的频带只有全频音箱的1/10，因此，家庭影院中重放的音箱主要讲究各类音箱之间的相互配合。由于家庭影院的重放不仅具有声音的重放，而且要通过电视机进行画面的重放，左、右声道的主音箱较靠近电视机，特别是中置音箱一般是置于电视机的上方，因此必须对主声道的音箱及中置音箱中的扬声器进行防磁辐射的处理，以防止扬声器上的磁体使电视机的显像管磁化。

四、分频技术

1. 分频器的组成与作用

分频器的作用主要有两个：一是把放大器输出的全频带音频信号分成几段，然后加到相应的低、中、高音扬声器中，使各扬声器都工作在其性能最好的频段上；二是对整个音箱系统的声压频率特性、相位特性和阻抗特性等进行微调。

另外，由于一般中、高频扬声器的振膜及振动系统都是以高频、小振幅来设计的，当受到低频大信号激励时，振膜将产生很大的振幅，从而产生过荷失真，严重时会使扬声器损坏。加入分频器后，可使低声频加不到高音扬声器中。所以分频器相当于对中、高音扬声器单元起到了保护作用。

2. 分频器的分类

分频器按设置位置的不同可分为电压分频和功率分频两种。

电压分频又称电子分频或前级分频，它是指将分频网络设置在前置电压放大器与功率放大器之间的一种有源分频。此方式将前置电压放大器的输出信号先分频，然后分别送入独立的功率放大器，完成其功率驱动，最后送入各自的音箱。由于前级电流较小，故可用小功率的 RC 有源滤波器来实现分频控制，其分频效果可以做得很好。但是需采用独立的功放级，使成本增高幅度较大，所以一般在特别要求高质量的放声系统中使用。

功率分频又称后级分频，属于无源分频。它是指将分频网络设置在功率放大器与扬声器之间，将功率放大器输出的信号分频后，按不同频段分配给各扬声器。功率分频一般由 LC 无源网络组成，方法简单、成本低，而且便于与音箱装在一起，获得广泛的应用。其缺点是分频网络要承受加到扬声器的大功率和大电流，要用较大体积的电感；而且由于它的参数与扬声器的阻抗有直接关系，而扬声器阻抗属于非线性阻抗，又是频率的函数，与标准值偏离较大，因此调整较难，误差较大。

分频器按衰减率的不同可分为 $-6dB$、$-12dB$ 和 $-18dB$ 三种，与此对应的每路元件数分别为一个、两个和三个 LC 元件。$-18dB$ 的分频器衰减率大，分频虽然较为彻底，音质较好，但使用元件数多，调整麻烦，一般高档机应用较多。在实际应用中，常用的是 $-6dB$ 和 $-12dB$ 的分频器。

分频器按频段的不同可分为二分频、三分频两种。所谓二分频，即分为低频和中高频两个频段，三分频则分为低、中、高三个频段。不论是二分频还是三分频，都要求相邻两个滤波器的特性曲线在截止频率处（$-3dB$ 处）相交，交点称为分频点。二分频的分频点为 1600Hz，三分频的分频点为 800Hz 及 6400Hz。实际中，分频点的选取要根据使用场合和扬声器单元的不同而设置。三分频点的设置，一般低频在 400~900Hz 之间，中高频在 3500~6000Hz 之间。对于二分频网络，考虑到适当减小高音扬声器的输入功率以及改善高音重放质量，可适当将分频频率选高一些，通常可取 2000~5000Hz。

五、音箱常见故障检修

音箱部分故障最常见的当然是扬声器问题了，可以说一套音响系统中最容易发生的故障就是烧坏扬声器，这个当然有人为因素，但大部分还是音箱本身质量问题。音箱的另外一个常见故障就是接线端口老化，接触不良，特别是经常移动的音箱容易发生这种故障。

1）功率匹配：一般来说功放的功率要大于音箱的功率，正常情况下功放的功率要比音箱的功率大 30% 以上，如果用小功率功放来推大功率音箱时，功放容易过载，会产生对音箱有害的电流，此时扬声器单元很容易损坏。

2）阻抗匹配：目前专业音响系统中使用的功放一般都是定阻的，一般功放在 4~8Ω 工作时最多，有些音响师喜欢一台功放推 2 个以上音箱，这时就要注意音箱的阻抗了，多只音箱并联时阻抗就会降低，要是低于 2Ω，功放就很容易损坏，这种近似短路的工作模式最好不要用。

3）功放与音箱之间的线路连接：功放的信号线要尽量用平衡线，如果系统中有多台功放时，最好使用信号放大分配器分出数量足够多、没有衰减的信号线供给每一台功放单独使用，这样可以减少系统噪声、减少隐患、提高信噪比。同时还需要注意的就是音箱线的质量和连接，尽量用比较粗、短的音箱线，连接时一定注意分清正负极和避免短路，特别是专业四芯或四芯以上音箱插头，里面的几个接线柱很小，接线时一定要注意。

4）功放后面有时候有很多转换开关，如单声道工作模式、立体声工作模式、桥接工作模式；还有的有电平大小调整开关、信号频率切换开关等，在使用时一定要注意看清这些转换开关，把功放调整到正确的或自己想要的工作状态，否则真有可能造成不可预期的故障。

评一评：

任务检测与评估见表 2-4。

表 2-4 任务检测与评估表

考核项目	考核要素	考核内容	评分范围/分	评 分
工作业绩 60%	工作目标达成	1. 2. 3. 4. 5.	1~10	
工作能力 20%	业务能力、技术能力、创新能力、工作质量、工作效率、沟通主动性、其他	所有委派的工作能准确无误地完成，工作效率极高，业务、创新能力很强。工作有计划性且考虑问题全面。能够迅速准确领悟上级意图，积极主动和他人沟通，效果很好	9.1~10	
		工作质量、效率达到或略超岗位要求，业务、创新能力中等或偏上。工作中偶有失误，能积极查找原因并更正。能较好地领悟上司意图，能和他人沟通，效果较好	4.1~9	
		工作质量、效率低，创新意识差。工作中多次发生较大的差错，缺乏与他人沟通，经提醒教导仍无明显效果	1~4	
工作态度 10%	响应速度、严谨性、原则性、主动性、工作配合度、其他	工作态度积极端正，业绩迅速提高。对待工作认真严谨，一丝不苟，以身作则，办事雷厉风行，坚持原则，积极配合各岗位工作，具备优秀的团队合作意识	9.1~10	
		工作态度好，业绩不断提高。责任心强，响应速度快，能按规定时间完成工作任务。对事负责，自觉配合各岗位工作，具备良好的团队合作意识	4.1~9	

(续)

考核项目	考核要素	考核内容	评分范围/分	评 分
工作态度 10%	响应速度、严谨性、原则性、主动性、工作配合度、其他	工作态度较差,工作作风拖拉,需要经常催促。缺乏提高业务能力的意识和表现。原则性较差,工作出错不愿分析原因,常推卸责任。协助意识较差,明显的本位主义	1~4	
工作纪律 10%	组织纪律性、守法性、出勤率（注：被考核人若缺勤超过2次,则此项得分不得超过9分,缺勤超过5次,则此项得分不得超过6分,依此类推）	组织纪律性很好,能严格遵守各种规章制度,并能带动他人共同遵守,无任何违反制度的记录	9.1~10	
		组织纪律性好,能自觉遵守各种规章制度。偶犯小错误,能虚心接受,及时改正	4.1~9	
		组织纪律性较差,多次违反各种规章制度,纠正态度差,无明显效果	1~4	

附录 ＊＊公司售后服务作业程序

一、工程师接受服务任务

1. 接受上门服务任务

在接受顾客上门服务任务时，首先要明确并保证用户信息准确，用户信息包括用户姓名、地址、联系电话、产品型号、购买日期、故障现象、用户要求等，如果信息不详细、地址不详、电话号码错误、无产品型号、无购买日期、故障现象不详等，首先同派工的信息员或调度核实，如核实不到则直接联系进行分析。

2. 对用户信息进行分析

1）根据用户反映的故障现象分析可能故障原因、维修措施及所需备件。如果是用户误报或使用不当，可以电话咨询而不需要上门，通过电话咨询，指导用户正确使用，并且应2h后跟踪回访用户使用情况；如果无所需备件，则应马上领用或申请备件。

2）据用户地址、要求上门时间及自己手中已接活的情况分析能否按时上门服务，如果是时间太短，不能保证按时到达，或同其他用户上门时间冲突，要向用户道歉，说明原因。征得用户同意与用户改约时间；若用户不同意，转其他人或反馈中心信息员。

3）此故障能否维修？如果此故障从来未维修过或同类故障以前未处理好，应立即查阅资料并请教其他工程师，或同中心、总部联系。

4）此故障能否在用户家维修？是否需拉修？是否需提供周转机？有可能无法在用户家维修，需要拉修的，直接带周转机上门。

3. 联系用户

在问题确定并找到解决方法后，应电话联系用户，确认上门时间、地址、产品型号、购买日期、故障现象等。

1）如果离用户住地路途遥远，无法保证按约定时间上门，要向顾客道歉说明原因并改约时间。

2）如果客户地址、型号或故障现象不符，应重新确认，按确认后的地址、型号或故障现象上门服务。如果客户的产品超保，要准备收据（发票），按公司规定的收费标准收取费用。

3）如果问题属用户误报或使用不当的信息，服务工程师电话咨询指导用户使用，若用户不接受咨询，服务工程师应上门进行服务；为了预防咨询错误或误咨询，凡咨询后的用户，工程师2h后必须回访用户，确保用户没有问题。

4）如果用户电话无人接，服务工程师应改时间再联系，如果不能按约定时间到达则直接按地址上门，及时向中心反馈中间结果。如果用户恼怒，拒绝服务工程师上门，以耐心听取用户发泄（注意中间要应答，让用户知道你在听），并本着承担责任，解决问题的原则与用户沟通，征得用户同意上门，接受服务。如果用户一直联系不上，服务工程师要按地址上门，用户不在家，则给用户留下留言条和电话，希望用户以后再联系。

二、准备出发

1. 准备好各种服务工具

服务工程师应准备好维修工具、备件（或周转机）、道具、保修记录单、收据、收费标准、留言条、上岗证等，其中垫布属于必备物品，以免弄脏用户的东西。为了防止物品带错或漏带，服务工程师在出发前都要将自己的工具包对照标准自检一遍。

2. 服务工程师出发

服务工程师出发时间要根据约定时间及路程所需时间确定，以确保到达时间比约定时间提前 5~10min。服务工程师要根据约定时间及路程所需时间倒推出发时间，以预防出发晚导致不能按时到。

3. 服务工程师在路上

如果路上不出现塞车或意外，服务工程师在其他用户家不要耽误，以确保到达时间比约定时间提前 5~10min；若服务工程师在路上遇到塞车或其他意外，要提前电话联系向用户道歉，在用户同意的前提下改约上门时间或提前通知中心改派其他人员；如果服务工程师在上一个用户家耽误时间，应将信息反馈信息员或相关人员，以便通知到用户。

三、正式服务前的工作

1. 服务工程师进门前的准备工作

服务工程师应首先检查自己的仪容仪表，以保证工作服正规整洁；仪容仪表清洁，精神饱满；眼神正直热情；面带微笑。

为预防服务工程师着装非工作服或衣服脏、不干净，头发长且蓬乱，胡子过长等，公司严格要求服务工程师平时要注意自己的修养，每天上班前要对自己的仪容仪表进行检查。在敲用户家门前，要首先对自己的仪容仪表进行自检，直到符合服务规范方可敲门。

2. 敲门

虽然敲门只是一个微不足道的普通动作，但照样严格要求服务工程师一丝不苟。规定的标准动作为连续轻敲 2 次，每次连续轻敲 3 下，有门铃的要先按门铃。要求服务工程师平时多加练习，养成习惯；另外，敲门前稍微稳定一下自己的情绪，防止连续敲不停、敲的力量过大。如果用户听不见，或有其他事情无法脱身或用户家无人，服务工程师应每隔 30s 重复 1 次；5min 后再不开门，则电话联系；电话联系不上，同用户邻居确认，确认用户不在家后，给用户门上或显要位置贴留言条，等用户回来后主动电话联系，同时通知中心（话务中心）。为了预防用户在楼下等待，服务工程师应到楼下周围查看有无用户在此等候。

3. 进门

服务工程师按约定时间或提前 5min 到达用户家，第一要自我介绍，确认用户，并出示上岗证。

1）如果服务工程师遇到迟到，未按约定时间到达，用户不高兴甚至不让进门等情况，公司给服务工程师提供了各种解决方法：如用户有联系电话，必须在同用户约定的时间前 1~2min 同用户取得联系，道歉取得用户的谅解。

若服务工程师迟到时间小于 15min，应首先向用户道歉，可以以交通受阻为理由向用户解释，争取得到用户谅解（不能以服务用户太多为理由）；若用户要赶时间可主动提出改约，再按约定时间提前上门。

如服务工程师迟到时间超过 15min（或更长），首先向用户真诚道歉，可解释为本来是安排其他师傅上门，但他在另一位用户家耽误了，临时改派我来，所以耽误了时间，希望得到用户的谅解，可赠送小礼品。若道歉不接受，再由售后经理上门道歉。

2）如果用户不在家，服务工程师离开后落实原因，及时找到用户。如果用户本人不在家（如在家的是保姆等）而不让进门，服务工程师应亮出自己的上岗证，向对方说明事由，请对方马上联系用户确认，特殊情况时改约。

3）若用户对上门服务工程师资格怀疑甚至不让进门，服务工程师应首先亮出上岗证，给用户讲明是受过正规培训的，把公司的投诉、监督电话告诉用户。通过规范的咨询语言、熟练的维修技术来赢得用户的信任。如用户就是不上进门，则同用户改约时间，由售后经理亲自上门。

4）服务工程师有可能遇到报修产品不在此处而在别地的情况，在这种情况下，服务工程师应在征得用户同意的前提下，由用户带领到产品所在地、自行前往或改约重新上门。

5）如果用户家临时停电或用户临时有事出门，在征得用户同意的前提下改约时间。如果用户正在吃饭，服务工程师应等用户吃完饭再上门，也可按用户的意见办。

4. 穿鞋套，放置工具箱

服务工程师穿鞋套时，先穿一只鞋套，踏进用户家，再穿另一只鞋套。如果用户不让穿，服务工程师要向用户解释为工作纪律，原则上必须穿，特殊情况下可按用户的意见办理。如果服务工程师穿鞋套站在门外，进门前要擦干净鞋套。为了预防鞋套太脏、破烂、太旧等，工具包内要带备用鞋套。

放置工具箱时要找到一个靠近产品的合适位置，取出垫布铺在地上，然后将工具箱放在垫布上。安装时，用盖布盖在附近可能因安装而弄脏的物品。服务工程师工作时工具杂乱、脏等，给用户造成坏印象，影响公司形象。

四、开始服务

1. 耐心听取用户意见

服务工程师要耐心听取用户意见，消除用户烦恼，服务工程师服务语言要规范。公司要求服务工程师的语言文明、礼貌、得体；语调温和、悦耳、热情、吐字清晰、语速适中。

如果用户恼怒，情绪激动，服务工程师要耐心、专心听取用户发泄，眼睛注视用户并不时应答，让用户知道你在认真听；若用户拒绝修理，要求退换，弄清用户不让修的原因，从用户角度进行咨询，打消用户顾虑，让用户接受检修服务；如果用户有强烈要求维修工休息、喝水、抽烟等违反公司服务规范的行为，服务工程师要详细讲解公司服务宗旨及服务纪律，取得用户理解。

2. 故障诊断

服务工程师应准确判断故障原因及所需更换的零配件，若是超保产品，则向用户讲明产品超保需收费，征得用户同意并出示收费标准。

1）如果服务工程师对故障原因判断不准，就以需拉回通过检测仪全面检测为理由拉回检查；若所需更换备件未带，备件不好或错，服务工程师应向用户表示歉意，仅凭电话所叙述的故障现象进行判断，所带备件不对。如果用户有时间，可以马上回去取备件；如果用户暂无时间，则与用户重新约定合理时间上门服务；如果机器正常但用户认定有问题，服务工程师应向用户进行合理解释。

2）服务工程师要严格按公司下发的相关技术资料，迅速排除产品故障。能在用户家修复的就现场修复，不能在用户家维修的，委婉向用户说明需拉回修，并提供周转机。对需拉修产品外观进行检查，出示欠条并签字。如安装产品，则安装前要与用户商量安装位置，尊重用户意见，但如果用户意见违背安装规范，则应向用户说明可能会出现的隐患，请用户再斟酌，但最后的意见一定由用户来确定。

在用户家言行一定要规范，工具、工具包、备件等维修时用的或产品上拆卸下的一切物品必须放在垫布上。尽可能不借用户的东西，特殊情况下如需借用，则必须征求用户同意；如需移动用户家摆放的物品，必须事先向用户说明，并征求用户同意；要借用户家的凳子或其他物品时，必须事先征得用户同意，踩时必须用垫布防护；绝对禁止在用户家抽烟、喝水、吃饭、留宿；绝对禁止使用用户家的洗手间和毛巾等；进行产品或家具搬运时，不允许在地板或地毯上推来拖去；损坏用户家的东西应照价赔偿，并表示歉意。

3) 实际维修中，如果用户小修不让换件，服务工程师要向用户解释；如果在用户家无法修复，需拉回维修而用户不让拉修，或怀疑将好件换掉或怀疑产品有大毛病而不让维修，服务工程师应以维修后需全面检测为由，讲明拉回维修的好处，说服用户拉修；可让用户记下备件编号，同时为用户提供周转机，将用户产品拉回，并跟用户约定送回时间，按规定时间送回；如用户就是不同意拉修，则在用户同意的前提下在用户家中修。

4) 如果在维修中遇到新的问题，服务工程师要暂时回避用户，及时将新问题反馈到中心或总部技术科，争取当场解决，若无法保证当场解决则以检测为由说服用户拉修。如果用户不同意拉修，要求退机或换机，符合退机或换机条件的，服务工程师应按用户要求给予退机或换机；不符合退机或换机条件的，给用户认真解释国家三包规定，通过真诚的服务来感动用户，特殊情况上报中心请示。如果用户要求给予赔偿，服务工程师不要轻易答复用户，报中心请示后办理。

5) 如果工程师在用户家服务时接到另一上门信息，需马上上门处理，要向用户解释需打个电话（不准用用户家电话），向中心讲明现正在用户家服务及还需要的时间，由中心根据用户的轻重缓急程度改派其他服务工程师或同用户改约时间。

如果在维修时遇用户家正吃饭而产品一时不能修复，原则上征得用户同意的前提下继续维修；如确有不便则清理现场，与用户约定等用户吃完饭再回来，明确再回来的时间（不能在用户家吃饭）；若用户强烈要求服务工程师吃饭，则婉言谢绝。

6) 如果遇到用户以他提出的条件没有得到满足为由，扣押服务工程师、扣押服务工程师工具或用户态度蛮横，发生对服务工程师打骂等情况，不要与用户发生正面冲突，电话通知中心，中心出面处理。

7) 试机通检。服务工程师要保证产品修复正常，且无报修外的其他故障隐患。如果产品未修复，要重新检修或拉修，存在其他故障隐患要将其一并排除掉。若服务工程师没有时间试机，则2h后跟踪回访，以确保机器运行恢复正常。

8) 指导用户使用产品，清理现场。服务工程师在试机通检后，要向用户培训产品的基本使用常识及保养常识，对于用户不会使用等常见问题进行耐心讲解。

维修完毕后，服务工程师将产品恢复原位，用自带干净抹布将产品内外轻擦干净，并轻擦地板，清理维修工具。让用户签意见之前，自己要对产品及现场自检一遍，整理工具箱，防止产品轻擦不干净或现场清理不干净、工具遗漏在用户家等；如果产品搬动复位时将地板、产品碰坏，给用户照价赔偿。

五、收费

1. 升级费用

在上门维修前,服务工程师要首先给用户出示收费标准和服务政策。如果使用备件要给用户出示备件费用标准,按要求给用户升级收费并给用户开具发票或收据;用户要求将旧件折费的,服务工程师要给用户讲明服务政策及公司规定,按标准收费。

2. 软件收费

上门安装一个月内的软件,给用户免费调试并培训到位;三个月后的,给用户调试,收费并给用户开具发票或收据。

3. 超保收费

出示收费标准,严格按收费标准进行收费,并开具收据,如用户要求开发票,则必须给用户开发票。如果收费标准与用户保修证标准不符,要以二者中最低收费标准为准。若现场未带发票,应与用户约定再送发票或寄发票。

4. 其他

如果超保收费用户不交,或要求减免费用再修,服务工程师要详细向用户解释国家三保规定及保修期范围,以真诚打动用户,让用户明白收费的合理性。如果用户一再坚持则将信息处理结果报回中心,根据中心批示处理,特殊情况向中心领导汇报,请求批示。

六、服务完毕

1. 征询用户意见

服务工程师在维修完毕后要详细填写保修记录单,让用户对产品的维修质量和服务态度进行评价并签名(如故障原因及维修措施需对用户进行适当隐瞒,则这两栏可以不填,等回到维修部后再进行填写)。

如果用户不填意见和签名,不要强迫用户签名,用户不满意则跟踪服务直至用户满意为止。

2. 赠送小礼品及服务名片

最后服务工程师要向用户赠送小礼品及名片,若用户再有什么要求可按服务名片上的电话进行联系。如果用户要求服务工程师留下电话,服务工程师要向用户解释,名片上的电话为公司服务电话,若有什么要求我们都会及时上门服务。

3. 向用户道别

向用户道别时,服务工程师走到门口时先脱下一只鞋套跨出门外,再脱另一只鞋套,站在门外,最后再次向用户道别。如果在用户家中脱了鞋套,服务工程师要用抹布将地擦拭干净,并向用户道歉。

七、回访与信息反馈

1. 回访

对没有彻底修复把握的用户信息,服务工程师3h后回访(正常情况下由电话中心统一回访,或中心回访用户)。若回访用户不满意,则重新上门服务直至用户满意为止。

2. 信息反馈

服务工程师要将"服务任务监督卡"当天反馈至网点信息员处,网点信息员当天将用户结果反馈给中心。如果"服务任务监督"中"满意"非用户所签或保修记录单未及时反馈,网点信息员每日与维修人员对账,对弄虚作假按规定处理,并及时回访用户采取补救措施。若网点信息员信息反馈不及时,中心信息员每天同网点信息员在固定时间对账,并按规定处理。

参 考 文 献

［1］ 肖晓春.家电数码产品热销有绝招［M］.北京:中国经济出版社,2009.
［2］ 邓清华,李强.工厂客户服务管理［M］.北京:中国时代经济出版社,2008.
［3］ 后东升,周伟.零售店柜台服务技巧［M］.深圳:海天出版社,2007.

参考文献

[1] 自绍春. 宽带接入网与接入网新技术[M]. 北京:中国铁道出版社, 2002.
[2] 孙学康, 宋铁成. 工厂交换网络技术管理[M]. 北京:中国邮电出版社, 2005.
[3] 徐永洁, 周丽梅. 光节点局用线路服务技巧[M]. 深圳:南天出版社, 2007.